EVA-MARIA BAST | HEIKE THISSEN

Münchner Geheimnisse

BAND 2

50 NEUE GESCHICHTEN
AUS DER WELTSTADT MIT HERZ

edition Münchner Merkur
HEIMATZEITUNGEN

Bast, Eva-Maria; Thissen, Heike
Münchner Geheimnisse (Band 2) – 50 neue Geschichten
aus der Weltstadt mit Herz

MÜNCHNER MERKUR in Kooperation mit:
Bast Medien GmbH, Münsterstr. 35, 88662 Überlingen
(verantwortlich)
1. Auflage 2017
ISBN: 978-3946581-20-8

Ressortleitung: Heike Thissen
Lektorat: Lena Bast
Covergestaltung: Jarina Binnig, Cornelia Müller, Carina Regauer
Layout: Homebase – Kommunikation & Design, Jarina Binnig
Grafik: Maps4News & HERE (Karte)
Satz: Carina Regauer
Druck: werk zwei Print+Medien Konstanz GmbH

Ein Titel aus der preisgekrönten Reihe „Geheimnisse der Heimat"

Inhalt

Vorwort

Geheimnisse – das klingt ein wenig anachronistisch in einer Zeit, in der das Innerste in sozialen Netzwerken nach außen gekehrt und Privates lustvoll auf dem Jahrmarkt der Eitelkeiten ausgebreitet wird. Und dann noch München: ein Ort, dessen Name rund um den Globus bekannt ist; eine Stadt, über die Stadt- und Reiseführer ohne Zahl geschrieben worden sind und in der allein fünf Tageszeitungen erscheinen. Kann es da noch Geheimnisse geben, außer vielleicht der Frage, was ein Wiesn-Wirt in 14 Tagen Oktoberfest verdient?

Die Antwort hängt davon ab, was man von dieser Stadt erwartet. Manchem genügen die Klischees: München, das ist Bier und Oktoberfest, Millionendorf und Olympiastadt, Laptop und Lederhose. Die Stadt der horrenden Mieten und der verstopften Straßen, der Biergärten und der Schickimicki-Clubs und – natürlich – des FC Bayern München. Wer etwas genauer hinschaut, entdeckt unter der arg strapazierten Oberfläche vielleicht noch die Kultur- und Verlagsstadt, die Metropole der schönen Künste und der Dax-Konzerne, die Stadt der Volkssänger oder – eine der jüngeren Errungenschaften – die „Radlhauptstadt". Wer „Europa in fünf Tagen" gebucht hat, muss nicht mehr wissen.

Aber München ist viel mehr. Die Stadt ist reich an Geschichte und Geschichten. Ihr wahres Wesen offenbart sie dem, der diesen Geschichten lauscht. Sie lehren uns, wie die Siedlung an der Isar zu der Stadt wurde – und gemacht wurde – die sie heute ist.

Die Autorinnen Eva-Maria Bast und Heike Thissen haben Menschen gefunden, die solche Geschichten zu erzählen wissen, und sie haben bereits im ersten Band der „Münchner Geheimnisse“ vieles zusammengetragen, was auch alteingesessenen Münchnern ihre Heimatstadt aus neuer, überraschender Perspektive gezeigt hat. Im zweiten Band kommen einige der bewährten Helfer wie Alt-Oberbürgermeister Christian Ude und der Leiter des Stadtarchivs, Michael Stephan, erneut zu Wort. Dazu gesellen sich neue Protagonisten. Sie alle bürgen dafür, dass die Episoden, in denen Bast und Thissen Münchner Eigenarten aufscheinen lassen, vor allem eines sind: authentisch. Da erinnert eine krumme Laterne an die „Schwabinger Gisela“, jene Frau, die München in den prüden 50er- und 60er-Jahren ein Refugium von Lebenslust und Weltoffenheit schenkte. Da zeugt eine uralte Kastanie davon, dass die Münchner sich schon vor 150 Jahren lustvoll an den Vorschriften der Obrigkeit rieben – nicht im offenen Protest, sondern still-beharrlich, getreu dem Motto „leben und leben lassen“. Da zeigt der „Biberwärter“, den es Mitte des 18. Jahrhunderts im Nymphenburger Park gab, dass manches Problem unserer Tage so neu nicht ist – und dass es früher womöglich besser gelöst wurde.

Archäologinnen gleich, haben Bast und Thissen erneut einen Schatz gehoben. Ihr Buch macht Lust, die Stadt Kapitel für Kapitel, Geheimnis für Geheimnis neu zu entdecken. Und egal, ob man sich damit die Heimat noch vertrauter macht oder ob man sich als Fremder ein wenig heimischer fühlt: Es lohnt sich.

Herzlichst, Ihr

Peter T. Schmidt
Chefreporter München, Münchner Merkur

Die Autorinnen

Eva-Maria Bast, Jahrgang 1978, arbeitet seit 1996 für verschiedene Zeitungen und Magazine. 2011 gründete sie mit Heike Thissen das Journalistenbüro „Büro Bast & Thissen", das 2013 erweitert wurde und sich nun „Bast Medien" nennt. Eva-Maria Bast initiierte und schreibt die Buchreihe „Geheimnisse der Heimat", die 2011 startete, rasch zu einem regionalen Bestseller wurde und die 2017 in 42 Bänden vorliegt. 2012 wurde die Tageszeitung Südkurier für die Geheimnis-Reihe mit dem Deutschen Lokaljournalistenpreis der Konrad-Adenauer-Stiftung in der Kategorie „Geschichte" ausgezeichnet. 2012 begann Bast sich auch der Belletristik zu widmen. Im Frühjahr 2014 erschien Teil 1 (Mondjahre), 2015 Teil 2 (Kornblumenjahre) und 2016 Teil 3 (Dornenjahre) ihrer zeitgeschichtlichen Jahrhundert-Saga. Seit Juni 2015 ist sie Gastdozentin an der Hochschule der Medien Stuttgart, seit 2016 Chefredakteurin und Herausgeberin der „Women's History", dem ersten deutschsprachigen Magazin über Frauen in der Geschichte. Eva-Maria Bast lebt mit ihrer Familie in Überlingen am Bodensee.

Heike Thissen, Jahrgang 1980, ist seit 1999 im Journalismus zuhause. Sie hat an der Universität Leipzig und der Universidad de Valencia Diplom-Journalistik und Amerikanistik studiert und bei der Tageszeitung Südkurier in Konstanz volontiert. Nach mehreren Jahren als Redakteurin beim Südkurier arbeitet sie seit 2010 als freie Journalistin für Zeitungen und Zeitschriften und als PR-Redakteurin für verschiedene Unternehmen. Seit 2011 geht sie regelmäßig zusammen mit Eva-Maria Bast auf Geheimnissuche in ganz Deutschland. Sie lebt mit ihrer Familie am Bodensee.

01

Bavaria

Wahrzeichen mit preußischem Antlitz

Immer wenn Carola Kühberger an der Bavaria auf der Theresienwiese vorbeiging, stieg eine vage Erinnerung an ihre Grundschullehrerin Vera Rauscher in ihr auf. Die hatte ihr nämlich in der zweiten Klasse eine Geschichte über die Bavaria erzählt, die die kleine Carola sehr faszinierte: Die Bavaria trage die Gesichtszüge einer Frau namens Cornelia, hatte sie gesagt. Und selbige Cornelia sei bei der Enthüllung der Statue im Jahr 1850 ohnmächtig geworden. „Ich habe mir dann immer vorgenommen, der Sache nachzugehen, bin aber irgendwie nie dazu gekommen", sagt die Stadtführerin. Die „Münchner Geheimnisse" waren für Carola Kühberger dann aber Anlass, sich endlich die Zeit zu nehmen, um die Geschichte zu recherchieren. Was sie herausgefunden hat, ist ausgesprochen spannend:

„König Ludwig I. war ja ein bisschen größenwahnsinnig", sagt sie rundheraus. „Er wollte überall schöne, prächtige Bauten. Und in München wollte er eine Ruhmeshalle haben." Der bayerische König schrieb das Vorhaben als Architektenwettbewerb aus, an dem sich auch Leo von Klenze (1784-1864) beteiligte. „Der hatte im Grunde die Vorstellung von einer Akropolis über der Theresienwiese – und wollte vor den Bau eine Figur setzen, die aussieht wie Athene, bekleidet mit einem kurzen Rock." Der Entwurf habe Ludwig I. (1786-1868) gut gefallen, sagt Carola Kühberger. Der damals schon sehr namhafte Bildhauer Ludwig Schwanthaler (1802-1848) wurde mit der Ausführung beauftragt. „Schwanthaler war ein sehr melancholischer, romantischer Mann – aber die Vorschläge von Klenze gefielen ihm nicht. Also hat er langsam angefangen, die Figur abzuwandeln", berichtet sie. „Er fand, die Bavaria müsse eine Allegorie Bayerns sein. Und nicht griechisch. Aus dem kurzen Kleid wurde ein langes, die Bavaria wurde mit einem Bärenfell versehen, denn das ist ja das Attribut der germanischen und bajuwarischen Vorfahren", erklärt Carola Kühberger. „Und er hat ihr auch einen Eichenblätterkranz in

Zwei Münchner Schönheiten unter sich: Carola Kühberger vor der Bavaria. Wobei Letztere wohl eigentlich keine Münchnerin, sondern eine Berlinerin ist.

die Hand gegeben und keinen Lorbeerkranz, wie Klenze das vorgesehen hatte. Denn die deutsche Eiche ist ja für uns Deutsche ganz wichtig.“ Den hoch erhobenen Eichenblätterkranz halte die Bavaria nach hinten, um die Menschen in der rückwärtigen Ruhmeshalle zu ehren. „Und der Löwe, den sie bei sich hat, soll für Bayern stehen. Für Mut, Kraft und Stärke. Schwanthaler hat sich viele Gedanken dazu gemacht.“ Nach und nach habe er das Modell der Figur aus Gips geschaffen. „Er hat Tag und Nacht an der Bavaria gearbeitet. Das war sein Herzensprojekt. Und die Aufbauarbeiten für die Bronzestatue fanden draußen statt, bei Wind und Wetter. Was ihn die Gesundheit kostete.“ Schwanthaler wurde so krank, dass er zwei Jahre vor der Enthüllung der Figur starb. Vielleicht auch ein bisschen an einem gebrochenen Herzen. Denn nun kommt die Geschichte ins Spiel, die Carola Kühbergers Grundschullehrerin ihr erzählt hat und die sie zwischenzeitlich auch belegen kann:

Stolz und schön erhebt sich die Bavaria in den weiß-blauen Münchner Himmel.

Auf ihrer Suche stieß die Münchnerin auf Aufschriebe von Schwanthalers Freund Dr. Franz Trautmann (1813-1887). „Er hat Schwanthaler zwei Tage vor dessen Tod besucht. Der Bildhauer war sehr melancholisch und sagte sinngemäß, die Bavaria habe ihm sein Leben genommen. Und er hat Trautmann anvertraut, dass er einmal sehr unglücklich verliebt gewesen war. In eine Frau namens Cornelia.“ Es habe wohl mehrere Briefe gegeben, aber die habe er alle verbrannt, um zu vergessen – erfolglos. „Kennengelernt hat er die verheiratete Cornelia bei einem Auftrag im Umland der heutigen Bundeshauptstadt. Sie war die Frau seines Auftraggebers und Schwanthaler verliebte sich in sie. Aber das Verhältnis wurde beendet.“

Von dieser Liebe erzählte er nun also Trautmann, der das wiederum zehn Jahre danach in dem Buch „Ludwig Schwanthalers Reliquien“ niederschrieb: „Dann sprach er von dem Dem und Jenem. Auch von dazumal, als er das Brieflein in der Humpenburg verbrannte, und daß er gemeint habe, nun sei Alles abgethan und überwunden. Dem sei aber nicht so gewesen – und er habe vergeblich gesucht, die Cornelia ganz zu vergessen. Ueber eine Weile sagte er, wie vor sich hin: ‚Schön war sie. Erhaben schön. Hättet ihr sie nur selbst gesehen.' Sagte der Andere: ‚Wie sah sie denn Meister Ludwig?' ‚Ei geht doch einmal hin', antwortete er, ‚wenn ich nimmer bin und betrachtet es.' – ‚Was soll ich betrachten?', fragte der Andere mild. ‚Was denn sonst', flüsterte er, als das Antlitz der Bavaria. S' ist wohl manches Frauenbild da – das denkt: Ich schwebte ihm vor. Aber's ist nicht so. – Nur sie hatte alle Huld und all' den hehren Liebreiz – Ihr mildes Cherub-Angesicht ist's.' Er schwieg eine Weile. Dann setzte er bei: ‚Das allein war ein heilges, reines Lieben. Wenn Cornelia Etwas für mich empfunden hat – wenn wahrhaft – hab' ich mich doch schön am Geschick gerächt. Denn wenn sie einmal wieder gen München kommt – und schaut hinauf – wird ihr wohl mein Preis gefallen.'"

„Und er hat Trautmann anvertraut, dass er einmal sehr unglücklich verliebt gewesen war. In eine Frau namens Cornelia."

Und wenn es stimmt, was Carola Kühbergers Lehrerin den Mädchen erzählte, dann kam Cornelia nicht nur nach München, sondern fiel auch in Ohnmacht, als die Bavaria enthüllt wurde. Und dann kann man sich sicher sein, dass ihre Liebe ebenso groß war wie die seine. Denn warum hätte sie sonst anwesend sein und obendrein in Ohnmacht sollen? Extra aus Berlin angereist? Bei der Enthüllung des Kunstwerks, das ihm, der schon zwei Jahre tot war, so viel bedeutet hatte?

Warum, wenn nicht aus Liebe?

Eva-Maria Bast

So geht's zur Bavaria:

Sie steht unübersehbar am Abhang der Theresienhöhe oberhalb der Theresienwiese vor der Ruhmeshalle.

Kolosseumskastanie

Letzter Zeuge eines Vergnügungstempels

Im Winter sieht die Kastanie erbärmlich aus, wie ein Koloss, der seinen letzten Atemzug getan hat. Doch kaum weht im Frühling ein lauer Wind durch die Hans-Sachs-Straße und wirft die Sonne ihre ersten wärmenden Strahlen auf die knorrigen Äste, kehrt das Leben in den Baum zurück. Dann treibt er zarte, hellgrüne Blätter aus und zeigt einen ungebrochenen Lebenswillen. Darüber freut sich Alexander Miklosy jedes Jahr aufs Neue. „Die Kastanie gehört zur Geschichte des Glockenbachviertels einfach dazu, sie ist für mich ein historisches Wesen", sagt er. Wie er darauf kommt? Das hat mit der Biografie des Baumes zu tun.

„Diese Kastanie ist der letzte Zeuge des Kolosseums, des ersten Varieté-Theaters in Deutschland", erzählt der Vorsitzende des Bezirksausschusses. Einst stand sie mit 39 anderen Bäumen im Biergarten des größten Münchner Vergnügungstempels, vermutlich schon zu dem Zeitpunkt, als „Kil's Kolosseum" – benannt nach seinem Erbauer Franz Kil – 1873 eröffnet wurde. „Das Varieté hatte deutschlandweit Bedeutung", beurteilt Miklosy dessen Bekanntheitsgrad. In den Programmheften als „älteste deutsche Spezialität-Bühne" bezeichnet, bot das Etablissement sowohl drinnen als auch draußen jeden Tag ein großes Spektakel. Das galt vor allem ab dem 5. Oktober 1878, als das Kolosseum die „Konzession für Singspielhallen und Cafés Chantants" erhielt. Trotzdem war auch weiterhin auf Grundlage des Bayerischen Polizei-Strafgesetzbuchs vom 16. Dezember 1871 „das sogenannte Chansonetten-Kostüm selbst in der abgeschwächten Form des kurzen ausgeschnittenen Kleides mit kurzen Ärmeln und mit Trikot" verboten. Die Chansonetten und Coupletsängerinnen durften demnach nur im langen Gesellschaftskleide auftreten. „Nur das National-Costüm von echten National-Sängern ist von den Bestimmungen (...) ausgenommen", war dort nachzulesen.

Alexander Miklosy kämpft um den Baum, den er als „historisches Wesen" bezeichnet.

Viel nackte Haut gab es im Kolosseum in jenen Jahren also nicht zu sehen. Aber das war auch nicht nötig. Konzerte fanden hier statt, Komiker traten auf, verschiedenste Künstler gaben ihr Können zum Besten – und das täglich und oft zeitgleich. Einen Eindruck davon, was im Kolosseum alles möglich war, vermitteln die Programmhefte, die in großer Zahl im Stadtarchiv zu finden sind. „In den Sommermonaten täglich bei schönem Wetter große Militärkonzerte im schönsten und größten Garten Münchens", warb das Haus für sich. „Sämtliche Säle in allen Größen, 200 bis 4000 Personen fassend, stehen (…) zu entgegenkommendsten Bedingungen zur Verfügung", heißt es in einem anderen Blatt. Vor allem zur Faschingszeit erfreute sich das Kolosseum großer Beliebtheit, was im Jahr 1881 einem Dutzend junger Künstler zum Verhängnis wurde: Weil sie bei einem Auftritt in Eskimo-Kostümen unvorsichtig gewesen waren, verbrannten sie bei lebendigem Leib. Der Saal im Kolosseum, in dem sich die Tragödie ereignete, war so groß und so voll, dass die meisten der mehr als 3.000 Gäste gar nicht mitbekamen, wie im selben Raum gerade Menschen unter Höllenqualen starben (siehe Münchner Geheimnisse, Band 1).

„Das Varieté hatte eine deutschlandweite Ausstrahlung."

„Leider ist über das Kolosseum sonst vergleichsweise wenig bekannt", bedauert Alexander Miklosy. Deshalb kämpft er hartnäckig um das einzige Relikt, das noch daran erinnert. Dass er sich so intensiv mit dem Baum, seiner Vergangenheit und vor allem seiner Zukunft beschäftigt hat, kommt nicht von ungefähr. Der studierte Forstwissenschaftler war lange Zeit der Baumbeauftragte des Bezirks. „Die Kastanie sollte schon 1996 gefällt werden. Aber ich finde, so ein Baum ist viel mehr als ein Haufen Holz. Und dieser hier hat Symbolcharakter", erklärt er und rechnet zurück: „Rund 150 Jahre dürfte die Kastanie alt sein!"

Was sie wohl erzählen würde, wenn sie sprechen könnte? Eine ganze Menge! So hat sie von ihrem Standort aus zum Beispiel die Karriere von Karl Valentin (1882-1948) quasi hautnah miterlebt. „Er hat sich nach einem Besuch im Kolosseum 1896 dazu entschlossen, Komiker zu werden", führt Miklosy aus. In den 1920er- und 1930er-Jahren trat das Münchner Original vor allem im Duo mit Liesl

Karlstadt (1892-1960) hier auf und feierte unzählige Bühnenerfolge. Auch die Uraufführung von Valentins Multimediaspektakel „Der Flug zum Mond“ gehörte 1928 dazu. „Täglich abends 8 Uhr“, warben die Flugblätter für die Auftritte der beiden.

Wann genau im Kolosseum der letzte Vorhang fiel, ist nicht bekannt. Überliefert ist, dass Karl Valentin 1940 dazu aufgefordert wurde, seine Requisiten dort aus dem Keller zu holen, weil der Raum einem Luftschutzkeller weichen sollte. „In den 1950er-Jahren wurde das Gebäude abgerissen und der Platz neu bebaut“, ergänzt Alexander Miklosy. Die Kastanie habe den Wandel mehr schlecht als recht überstanden, doch „so lange sie lebt, soll sie erhalten bleiben“, wünscht sich der Forstwissenschaftler. Denn auch wenn sie im Herbst und Winter ziemlich trostlos aussieht, treibt sie doch jedes Frühjahr neue Zweige aus, trägt zum Grün im Stadtviertel bei und hält die Erinnerung an das Kolosseum und seinen Biergarten wach. „Wer weiß“, überlegt Alexander Miklosy, „vielleicht liegt es auch an dem Varieté, in dessen Garten sie stand, dass das Glockenbachviertel überhaupt erst zum weltberühmten Partyviertel wurde?“

Im Herbst und Winter sieht die Kolosseumskastanie so aus, als sei jegliches Leben aus ihr gewichen.

Heike Thissen

So geht’s zur Kolosseumskastanie:

Die Kastanie, die an das Kolosseum erinnert, steht in der Hans-Sachs-Straße gegenüber der Hausnummer 50.

Hippmannstr.
Gaßnerstraße

03

Gaßnerstraße

Wo die Schnabelweide die Franzosen lockte

Die Gaßnerstraße im Stadtteil Nymphenburg ist nach der Familie Gaßner benannt. Dieser gehörte bis zum Jahr 1663 das Gelände, auf dem heute Schloss Nymphenburg und der dazugehörige Park stehen, weshalb es durchaus sinnvoll ist, sie im Stadtplan zu verewigen. „So heißt die Straße allerdings erst seit dem 6. März 1880, als ihr der Nymphenburger Gemeinderat diesen unverfänglichen Namen gab", erklärt Franz Schröther. Davor nämlich gehörte das Wegstück zur „Schnabelweide", was ganz und gar nicht unverfänglich war.

„Die Schnabelweide war ein dreieckiges Grundstück in unmittelbarer Nähe des Schlosses zwischen der Gaßnerstraße, der Romanstraße und dem Romanplatz", geht der Leiter der Neuhauser Geschichtswerkstatt zurück in die ersten Jahre des 19. Jahrhunderts. Auch wenn der Name es nahelegt, dass dort einst Schnabeltiere wie Enten oder Gänse ihren Hunger stillten – weit gefehlt! „Er geht vielmehr auf französische Soldaten und ihre Vorliebe für schöne Mädchen zurück", erklärt Schröther augenzwinkernd.

Es war Anfang des 19. Jahrhunderts, als französische Truppen während der Napoleonischen Kriege München besetzten und unter anderem ins Schloss Nymphenburg einzogen. „An der Spitze des Grundstücks, beim Schloss, stand das kleine Haus des Schneidermeisters Bremauer, der dort mit seinen Töchtern wohnte. Die waren – sagen wir es einmal so – sittlich nicht mehr ganz einwandfrei", sagt Schröther. Es war ein Hofkurat namens Albert Hofmann, der deren Geschichte für die Nachwelt festhielt. Dem Geistlichen, der von 1822 bis 1831 den Seelsorgedienst in Nymphenburg versah und parallel dazu die Flurnamen der Gegend erforschte, wider-

„Wenn die Franzosen der Schnabel leise kitzelt, dann finden sie dafür die Weide bei den Schneiderhäuslertöchtern."

Warum die Gegend um die Gaßnerstraße einst Schnabelweide hieß? Franz Schröther von der Neuhauser Geschichtswerkstatt kennt die frivole Geschichte, die dahintersteckt.

strebte es merklich, die Dinge beim Namen zu nennen. Deshalb schrieb er: „Als die Franzosen hier in den Jahren 1806 und 1809 Standquartier genommen, besuchten dieselben das Haus in unlauterer Galanterie." So sei eine Redensart entstanden, auf die der Name „Schnabelweide" zurückgehe: „Wenn die Franzosen der Schnabel leise kitzelt, dann finden sie dafür die Weide bei den Schneiderhäuslertöchtern." Die Franzosen hätten in dem Haus kurzerhand ein Bordell eingerichtet und sich mit den Mädchen vergnügt, fasst Franz Schröther zusammen. „Dass die Herkunft des Flurnamens allein deswegen überliefert ist, weil ein Geistlicher sie notiert hat, finde ich besonders amüsant", sagt er.

Heute ist die Gaßnerstraße (rechts) ein unscheinbares Sträßchen in der Nähe des Nymphenburger Parks.

Als der Platz für die Pferde in Schloss Nymphenburg knapp wurde, entstanden auf der Schnabelweide Stallungen für Militärpferde. „Die Nymphenburger nannten sie Schnabelweidkaserne, auch wenn es keine Kaserne im eigentlichen Sinne war", hat Franz Schröther recherchiert. Doch als die Stallungen im Frühjahr 1900 abgerissen wurden, verschwand auch der Flurname „Schnabelweide". Heute erinnert nichts mehr in Nymphenburg an die einstigen unsittlichen Vorlieben der französischen Revolutionssoldaten.

Heike Thissen

So geht's zur Gaßnerstraße:

Die kurze Gaßnerstraße, die früher zur „Schnabelweide" gehörte, verläuft im Stadtteil Nymphenburg von der Romanstraße zur Wotanstraße.

Ein Pferd. Eindeutig. Doch eigentlich sollte hier ein Rabe hängen!

04

Rappeneck

Das Pferd ist eigentlich ein Rabe

Auf einem ihrer zahlreichen Streifzüge durch München hat Cathérine Fischer es entdeckt. Schräg gegenüber dem Ruffinihaus, Ecke Sendlinger Straße, fiel ihr das Relief eines Pferdes an einem steinernen Rundbogen auf. Darunter der Schriftzug *Rappeneck*. „Ich war sofort neugierig und wollte wissen, was es mit dem Pferd und dem Namen auf sich hat", sagt die Stadtführerin. „Wurden an dem Eck vor Kraft strotzende schwarze Pferde aufgezäumt und mit Lasten beladen? Standen hier einst Stallungen oder wurde ein Pferdemarkt abgehalten?" Die Gästeführerin erkundigte sich bei ihrem Chef, Christopher Weidner, und der wusste Bescheid. „Mit Pferden hat dieser Ort in München nichts zu tun!", weiß Cathérine Fischer nun.

Der heutige Name – samt Pferde-Relief – sei gewissermaßen ein Fehler! „Der ursprüngliche Name dieses Ortes lautete *Rabeneck*. Im Laufe der Jahrhunderte hatte sich eine Wortveränderung eingeschlichen, die ein Geheimnis aus dem wahren Grund der Namensgebung macht." Im Volksmund sei das Eck dann als Rappeneck so bekannt gewesen, dass der Hausbesitzer den Namen und ein passendes Bild als Relief arbeiten und über die Tür setzen ließ. Die wahre Geschichte sei nichts für schwache Nerven, warnt Cathérine Fischer. „Denn in der Sendlinger Straße, dort, wo sich heute Bioläden und teure Taschengeschäfte aneinanderreihen, befand sich im Mittelalter eine der Hinrichtungsstätten in München." Nachdem der Delinquent gehenkt worden war, habe man den Leichnam einfach am Galgen baumeln lassen. „Ein Verbrecher hatte keine Beerdigung verdient, außerdem sollte dieser furchtbare Anblick zur Abschreckung dienen", erzählt die Literaturwissenschaftlerin. Und wo bleiben die Raben? „Die kamen dann ins Spiel, wenn sich die schaulustige Menschentraube, die der Hinrichtung zugesehen hatte, auflöste. Die Raben kamen, um die Leichen zu verspeisen", berichtet die Münchnerin. „Bald wurde der Ort um die Richtstätte daher *Rabeneck* genannt."

Über der Tür des Eckhauses ist das wappenartige Relief deutlich zu erkennen.

Auch zur Bedeutung des Raben hat Cathérine Fischer bei diesem Anlass recherchiert: „Der Rabe oder die Krähe wurde bei den heidnischen Germanen und bei einigen Indianerstämmen einst hoch verehrt, bevor sich das Image der Tiere im Mittelalter und durch die Christianisierung verschlechterte." Der heidnische Gott Odin sei stets von zwei Raben begleitet worden, die den Wert der Gedanken und der Erinnerung symbolisieren sollten. „Odin schickte seine Begleiter hinaus, um sich von diesen weisen Vögeln über die Lage der Welt informieren zu lassen. In den mythischen Erzählungen einiger Indianerstämme gilt der Rabe gar als Schöpfer der Erde, der in seinem Schnabel Sonne, Mond und Sterne zum Himmel getragen hat." In der Bibel sei der Rabe dann erstmals negativ dargestellt worden: „Noah soll den Vogel, damals noch weiß gefiedert, von der Arche aus auf die Erde gesandt haben, dass er ihm mitteile, ob die Flut schon zurückgegangen sei", berichtet Cathérine Fischer. „Der Rabe fand auf seiner Reise eine verlockende Futterstelle und überließ Noah seinem Schicksal." Daraufhin habe Noah den treulosen Raben verwünscht: „Dein Gefieder soll schwarz werden wie mein (enttäuschtes) Herz." Dadurch, legt Cathérine Fischer dar, soll der Rabe seine schwarze Farbe bekommen haben. In der Bibel als „unheilvoll" dargestellt und obendrein gern auf Hinrichtungsstellen unterwegs: Kein Wunder, dass der Ruf des Vogels nicht allzu gut war und auch allerlei Raum für Aberglauben ließ. „Krächzte ein Rabe auf dem Dach eines Kranken, sah man das als Zeichen, dass dieser bald sterben würde", erzählt Cathérine Fischer. „Und wenn einer der sogenannten Unglücksvögel dreimal um ein Hausdach flog, ging man davon aus, dass einer der Hausbewohner binnen weniger Wochen tot sein würde."

Auch Hexen sei der Rabe als „Begleittier" angedichtet worden – wer kennt es nicht, das Bild von der bösen Hexe mit Raben auf der Schulter. „Der Teufel selbst soll sich, zum düsteren Totenvogel verwandelt, an seine Hexen wenden", schildert Cathérine Fischer die dem Raben zugeschriebene Bedeutung. „In riesiger Zahl wurden die Raben daraufhin verfolgt und getötet und demonstrativ an Ställe und Häuser genagelt, um das Böse abzuschrecken." Dieses Vorgehen folgte dem alten Prinzip des Aberglaubens: Gleiches mit Gleichem. Das Böse muss mit Bösem bekämpft werden.

Nachdem sie all das herausgefunden hat, fröstelt Cathérine Fischer nun jedes Mal ein bisschen, wenn sie hier vorbeigeht, am Rappeneck, das eigentlich ein Rabeneck ist: „Mir wird ganz anders, wenn ich mir vorstelle, was sich hier einmal abgespielt hat, wie viele Menschen an jener Stelle ihr Leben ließen. Welch grausiges Schauspiel das Festessen der Raben hier gewesen sein muss." Dann ist sie froh, dass eben kein toter Rabe über der Tür hängt, sondern ein steinerner Rappe. Zwar handelt es sich gewissermaßen um eine Verwechslung – aber immerhin um eine durchaus angenehme.

Eva-Maria Bast

So geht's zum Rappeneck:

Es befindet sich an der Ecke Sendlinger Straße / Färbergraben.

Was macht das Kind auf dem Bären? Christopher Weidner hat das Relief analysiert und gedeutet.

05

Kind auf Bär

Ein Relief voller Symbolik

Das ist die Geschichte einer Spurensuche. Der Suche nach einem Kind auf einem Bär. Oder besser gesagt: Der Suche nach der Antwort auf die Frage, was ein steinernes Kind auf einem steinernen Bären auf einem Relief in der Neuhauser Straße zu suchen hat. Eine Rückfrage im Haus selbst, bei Menschen, die dort arbeiten, bringt keine Ergebnisse: „Ein Bär? Bei uns? Am Haus?“ Auch ansonsten weiß niemand über den Bären Bescheid. Die Spurensuche führt schließlich zu Christopher Weidner, der sein Büro um die Ecke hat. Als Chef einer wachsenden „Stadtspürer“-Gruppe interessiert der Gästeführer sich naturgemäß für die Thematik und hat schon oft vor dem Relief gestanden und gerätselt, was es damit auf sich haben könnte. Mit der Kamera hat er es sich ganz nah herangezoomt, er hat recherchiert, gedeutet, verglichen – und einiges herausgefunden.

„Zu der Zeit, als das Relief entstanden ist, also um 1909, war das Gebäude ein Geschäfts- und Wohnhaus, errichtet von Franz Rank (1870-1949), einem bedeutenden Münchner Architekten der Jahrhundertwende. Aber ich habe keine Beziehungen zwischen dem Besitzer und dem Relief gefunden", erzählt er. „Es gab auch keinen Besitzer mit Namen Bär." Also hat Christopher Weidner sich mit der Symbolik eines Kindes auf einem Bären befasst. „Der Bär hat unter seiner Schnauze einen Korb stehen, in dem sich vermutlich Blumen befinden. Und das Kind hält eine Fahne in der Hand, die wie eine Siegesfahne wirkt – mit der anderen Hand hält es den Bären am Zügel", beschreibt er die Abbildung. In der Zeit des Jugendstils seien Kinder oder Putten auf Bären öfter zu finden gewesen. „Ich habe so ein Motiv auch in Wien am Naschmarkt entdeckt. Und anders als über den Münchner Bären gibt es zum Wiener Bär eine Deutung." Seit dem 18. Jahrhundert stehe das Tier für die ungezügelte Natur und das Kind oder der Putto für deren Zügelung. „Hier ist also dargestellt, dass die gezügelte Natur die ungezügelte bezwingt", deutet Christopher Weidner. „Dazu passen auch die Zügel und die Siegesfahne, die das Kind hisst."

Spannend – und auf jeden Fall im Zusammenhang stehend – findet Christopher Weidner auch die beiden Reliefs rechts und links des Kindes auf dem Bären. Auf jedem Relief ist ein Mann zu erkennen, der von zwei Säulen umrahmt ist. Über beiden Herren befindet sich ein mit floralen Elementen geschmückter Bogen. „Besonders interessant finde ich die beiden Säulen, denn auf jeder sitzt eine Kugel. Und das sind ganz eindeutig Freimaurersymbole", ist Weidner sich sicher. Diese Säulen stünden für den nicht mehr existierenden salomonischen Tempel in Jerusalem, der ebensolche Säulen gehabt habe, die mit den Namen „Jachin" und „Boas" Stärke und Weisheit symbolisierten. „Diese beiden Säulen sind auch in jedem Freimaurertempel enthalten", verdeutlicht der Stadtführer deren Bedeutung. Und er hat entdeckt, dass die beiden Herren Gegenstände in den Händen halten. Der linke etwas Spitzes – Christopher Weidner vermutet, dass es sich um einen Blasebalg handelt. Der rechte etwas, das aussieht wie ein Glaskolben. „Das könnte zwar auf die Glasmacherzunft hindeuten, ich

„Dazu passen auch die Zügel und die Siegesfahne, die das Kind hisst."

glaube eher, dass es ein Hinweis auf die Alchemie ist. Das passt ins Gesamtbild: Glaskolben und Blasebalg sind die Werkzeuge des Alchemisten." Dafür spreche auch das Wappen, das sich unterhalb des mittleren Reliefs – auf dem das Kind mit Bär zu sehen ist – befindet. „Das Wappen zeigt einen Turm ohne Fenster. Ein Turm ohne Fenster findet sich in der Heraldik, also in der Wappenkunde, nicht." In der Alchemie allerdings schon. „Der Turm steht für den Ort, an dem der Alchemist im Verborgenen arbeitet." So, findet Christopher Weidner, würde sich der Kreis schließen – auch zum Kind auf dem Bären. „Denn eines der Hauptziele der Alchemie ist ja die Bezwingung der ungezügelten Natur. Und der Bär, so finden wir in alten alchemistischen Schriften, verkörpert jene wilde Natur, die am Anfang des so genannten Großen Werkes steht, nämlich aus der ungeordneten Materie edle Stoffe, wie Gold oder das Lebenselixier, zu gewinnen." All das scheint ausgesprochen schlüssig zu sein. „Aber natürlich ist es nicht zu 100 Prozent gesichert", sagt Christopher Weidner. „Wenn man solche Abbildungen findet, zu denen es keine Quellen gibt, dann kann man nur die Symboliken recherchieren und deuten. Aber dann bleibt immer noch die Frage, ob der, der es geschaffen hat, es auch so meinte." Die Wahrscheinlichkeit ist groß. Denn in diesem Relief gibt es so viele Zusammenhänge, dass das eigentlich kein Zufall sein kann. Allein – sicher wissen kann man es nie. Und das ist vielleicht auch gut so. Es macht die ganze Angelegenheit schließlich noch geheimnisvoller.

Ein Relief voller Symbolik.

Eva-Maria Bast

So geht's zum Kind auf dem Bären:

Die drei Reliefs befinden sich an der Fassade der Neuhauser Straße 25 zwischen dem zweiten und dritten Obergeschoss.

Martin Arz zeigt auf die eigenartigen Monatsnamen, die auf dem Gedenkstein für Louis Bastoul zu finden sind.

06

Bastoul-Gedenkstein

Relikt einer besonderen Zeitrechnung

Einst muss das Denkmal für Louis Bastoul (1753-1801) auf dem Alten Südfriedhof beeindruckend gewesen sein. Historische Quellen nennen einen imposanten Obelisken, der an den französischen General und andere Gefallene aus der Schlacht von Hohenlinden erinnern sollte. Doch davon ist nichts übrig geblieben. Und so steht Stadtführer Martin Arz vor dem Sockel, einem großen quadratischen Klotz, der von Moos bedeckt ist. „Kaum jemand weiß, dass wir mit diesem Stein mitten in München ein Relikt haben, das unmittelbar an die Französische Revolution erinnert", erklärt er. Und man muss auch nah an den Quader herantreten und seine französische Inschrift studieren, um das feststellen zu können.

Die Napoleonischen Kriege (1792-1815) sind in vollem Gange, als am 3. Dezember 1800 im heutigen Oberbayern bei Hohenlinden die alliierten bayerisch-österreichischen Truppen auf die französische Rheinarmee unter General Jean-Victor-Marie Moreau (1763-1813) treffen. Dabei erleiden die Alliierten eine Niederlage, von der sie sich nicht mehr erholen und in Folge derer sich Österreich aus dem Krieg zurückziehen muss. Mitten im Gefecht verletzt sich der französische Brigade-General Louis Bastoul so schwer am Bein, dass ihn seine Kameraden nach München bringen. Die Ärzte stellen ihn vor die Wahl, das Bein amputieren zu lassen oder zu sterben. Und Bastoul wählt den Tod. „Vivre ou mourir, tout entier" – Leben oder Sterben, immer als Ganzes, soll er gesagt haben. So erliegt er eineinhalb Monate später seinen Verletzungen. General Moreau lässt ihn zusammen mit anderen gefallenen Franzosen auf dem Münchner Soldatenfriedhof, der ein Teil des heutigen Südfriedhofs ist, beisetzen.

„Dabei haben die Franzosen nicht nur neue Monatsnamen eingeführt, sondern auch eine komplett neue Zeiteinteilung."

„Eigentlich wollte die französische Armee kurz darauf Bastoul ein Denkmal im Englischen Garten errichten", sagt Martin Arz. Das habe Kurfürst Maximilian IV. Joseph (1756-1825) verhindert, einer Erinnerungsstätte auf dem Friedhof nahe der eigentlichen Grabstelle stimmte er jedoch zu.

Im Juli 1801 stellt General Moreau für den Grabplatz und den Obelisken 4000 Gulden zur Verfügung. Michael Mathei (1750-1832), ein Münchner Steinmetz und Bildhauer, bekommt den Auftrag und schafft einen beinahe acht Meter hohen Obelisken aus Stein, der auf dem Friedhof weithin sichtbar ist. Dieser ruht auf vier eisernen Kanonenkugeln und trägt obenauf eine Flamme aus Erz. „Wir können davon ausgehen, dass mit der Größe des Obelisken nicht nur Bastoul geehrt werden sollte, sondern die militärische Stärke der gesamten französischen Nation", mutmaßt Martin Arz.

Das gigantische Kunstwerk wurde zwar im Zweiten Weltkrieg zerstört. Nicht aber die Nachricht, die Moreau hinterlassen hat und die noch mehr als 200 Jahre später stutzen lässt. Übersetzt steht auf einer Plakette am Sockel zu lesen, dass die Rheinarmee unter General Moreau des Generals Bastoul gedenkt, der in der Schlacht von Hohenlinden verwundet und in München gestorben sei. So weit – so bekannt. Doch auch die Daten sind in der Inschrift festgehalten: Verwundet am *12. Frimaire,* gestorben am *25. Nivose* – beide Monatsnamen gibt es im Französischen eigentlich nicht. „Bei der Inschrift wurde der französische Revolutionskalender verwendet", bringt Martin Arz Licht ins Dunkel. Die neue Zeitrechnung sei von den republikanischen Kräften der Revolution nach der strikten Trennung von Kirche und Staat eingeführt worden, um im Kalender keinen Bezug zum Kirchenjahr mehr zu haben, wie zum Beispiel zum Fest der Geburt Jesu oder zu anderen christlichen Feiertagen. „Dabei haben sie nicht nur neue Monatsnamen eingeführt, sondern auch eine komplett neue Zeiteinteilung, was sich gut an der Inschrift erklären lässt", fährt der Münchner fort. So wurden die mit 30 Tagen gleich langen Monate in drei Dekaden aufgeteilt, wobei jeder zehnte Tag ein Ruhetag war. Der Kalender galt rückwirkend ab dem 22. September 1792 – dem Beginn der republikanischen Ära, weil an diesem Tag der neu zusammengetretene Konvent das Königtum beseitigte – bis 31. Dezember 1805, da wurde er von Napoleon zugunsten des Gregorianischen Kalenders wieder abgeschafft. General Bastoul wurde nach unserer Zeitrechnung am 3. Dezember 1800 – dem 12. Frimaire (Reifmonat) aus dem Revolutionskalender – verwundet und starb am 15. Januar 1801 – beziehungsweise dem 25. Nivose (Schneemonat).

Der inzwischen stark bemooste Quader trug einst einen gewaltigen Obelisken.

So erinnert der bemooste Quader nicht nur an Louis Bastoul, sondern auch an die Französische Revolution und die Verstrickungen Bayerns in die Napoleonischen Kriege, aus denen das Land als Königreich hervorging. Und schließlich noch an einen ganz eigenen, ziemlich revolutionären Kalender.

Heike Thissen

So geht's zum Bastoul-Gedenkstein:

Der Gedenkstein mit der Inschrift befindet sich auf dem Alten Südfriedhof in Feld 12, Reihe 3 und 4, Grabnummer 1-3.

Roland Götz steht am Frauenplatz 9. Im Hausflur des Vorgängerbaus wurde am 8. Oktober 1807 ein Findelkind ausgesetzt.

07

Frauenplatz 9

Hier lag der kleine Joseph auf der Stiege

Neben der Frauenkirche reiht sich heute ein Wirtshaus an das nächste. Unterhalb der berühmtesten Zwiebeltürme der Welt ist gemütliche Geselligkeit angesagt und das süffige Münchner Bier fließt in großen Mengen. Das war längst nicht immer so. Denn diese Häuser am Frauenplatz grenzten vom 13. bis weit ins 18. Jahrhundert hinein direkt an den Friedhof der Gemeinde. Und diese Szenerie passt weitaus besser zu der Geschichte, die sich hier am 8. Oktober 1807 ereignete, als Biergartenatmosphäre und der Duft nach Gegrilltem. „Im Haus Frauenplatz 9 wurde an jenem Tag ein Baby ausgesetzt, das lediglich in schmutzige Lumpen gewickelt war", erzählt Dr. Roland Götz vom Archiv des Erzbistums München und Freising. Woher er das weiß? Er hat sich intensiv mit den Taufbüchern der alten Münchner Stadtpfarreien beschäftigt, vor allem mit denen der heutigen Dompfarrei Zu Unserer Lieben Frau, und dabei so manches traurige Schicksal aufgetan.

„Vielen ist vielleicht gar nicht so bewusst, dass auch einfache Menschen schriftliche Spuren hinterlassen. Für mich als Archivar sind die Pfarrmatrikeln eine besonders wichtige Quelle, wenn ich etwas über den Lebenslauf einer Person erfahren will", erklärt Götz. Das Konzil von Trient habe 1563 für die ganze katholische Kirche verordnet, dass Pfarrmatrikeln geführt werden müssten. „Bis 1876 in Bayern die staatlichen Standesämter eingeführt wurden, waren die Tauf-, Trauungs- und Sterbebücher der Pfarreien die einzigen Personenstandsregister", ordnet Götz die Bedeutung der Pfarrmatrikeln ein. Diese seien ziemlich zuverlässig gewesen, war Bayern doch bis um 1800 ausschließlich katholisch. Die Bücher erfassten also die gesamte Bevölkerung.

„Es war hier in München keine Seltenheit, dass Mütter aus einer Notlage heraus ihr neugeborenes Kind aussetzten. Das betraf wahrscheinlich vor allem uneheliche Kinder", sagt Götz. Die Mütter hätten darauf gehofft, dass sich jemand erbarmen und um die Kleinen kümmern würde. Wurde ein ausgesetztes Kind gefunden, musste der zuständige Pfarrer klären, ob es bereits getauft war – andernfalls stand das ewige Heil des Säuglings auf dem Spiel. Schon beim geringsten Zweifel wurde die Taufe „bedingungsweise" gespendet, also für den Fall, dass sie bis dahin noch nicht vollzogen worden war. In der Zeit um 1800 habe es in den drei alten Münchner Stadtpfarreien Hl. Geist, Zu Unserer Lieben Frau und St. Peter jedes Jahr etwa 25 Findelkinder gegeben, die das Sakrament der Taufe erhielten, hat Roland Götz nachgerechnet.

Die Informationen zu ihrer Herkunft waren in den meisten Fällen dürftig. Doch es gab Findelkinder, die so etwas wie einen Begleitbrief bei sich hatten – Dokumente der Zeitgeschichte, die Roland Götz tief berühren. „Als Archivar bin ich im Umgang mit alten Schriftstücken ja routiniert und teilweise auch abgebrüht. Aber als ich diese Zettel das erste Mal in der Hand hatte, war ich sehr bewegt", beschreibt er seine Betroffenheit. „Es gibt kaum ein Stück Papier, bei dem das Schicksal eines Menschen wirklich so eng mit diesen Zeilen verbunden ist, wie im Fall der Zettel bei den ausgesetzten Kindern.“

Auf dem gefalteten und beim Kind zurückgelassenen Papier standen dann zum Beispiel der Name des Kindes, sein Alter, der Grund für die Aussetzung und eventuell auch, ob es bereits getauft war. „Bei den Originalzetteln sieht man, dass das wenig ansehnliche Papierstücke waren, mit Bleistift beschriftet von jemandem, dem das Schreiben sichtlich schwerfiel. Sprache und Schreibweise waren dabei oft stark mundartlich geprägt“, sagt der Archivar. So auch bei dem Zettel, den der kleine Joseph bei sich hatte: Es war am 8. Oktober 1807, als eine Mutter nachmittags um 14 Uhr unbemerkt einen kleinen Jungen auf der Stiege des Hauses Frauenplatz 9 zurückließ. Der Säugling hatte einen Zettel bei sich, auf dem stand: „Ich bite um Gottes willen, diesem armem Kind an Kindsstat anzunehmen. Er hat den heiligen Tauf auf der Kindsstuben empfahen. Joseph heißt er. Ich weiß keinen Vater. Der Winter ist vor der Thühr. Ich weiß mir auß Armut nicht zu helfen. So bite ich, um Gottes willen, eß kristlich zu erzihen, wovor ich lebenslängig biten wolle, vor tausent mahl Vergeltsgott sage. 9 Tag ist er alt.“

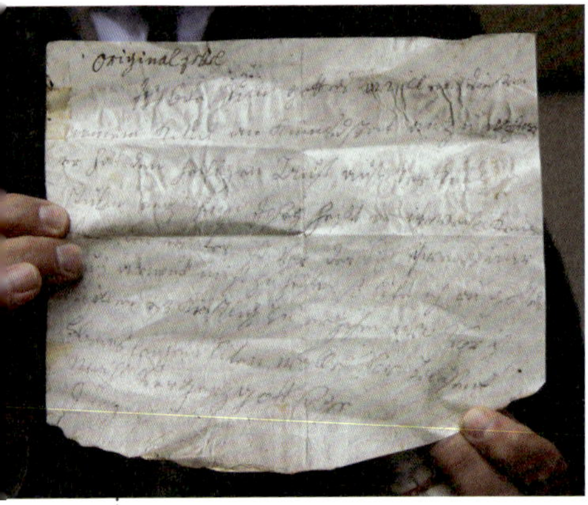

Die Mutter des kleinen Joseph steckte ihrem Sohn ein paar handschriftliche Zeilen zu, bevor sie ihn auf der Stiege zurückließ.

„In dem Brief stand zwar, dass er bereits getauft war, aber auch dieser kleine Joseph erhielt noch am selben Tag um 17 Uhr das Sakrament in der Frauenkirche“, beschreibt Roland Götz den Fall. Und weil die Mutter den Jungen auf der Stiege, also der Treppe, des Hauses abgelegt hatte, bekam er den Nachnamen „Stiegler“. Das sei kein ungewöhnliches Vorgehen gewesen, hat der Archivar recherchiert. In den Unterlagen der Münchner Kirchen hat er Namen von Findelkindern gelesen, die im Hausflur abgelegt wurden und deshalb „Fletz“ mit Nachnamen hießen. Ein Kind mit späterem Familiennamen „Bankler“

war auf einer Bank, ein „Bodensteiner" auf einem Steinboden und eine „Althoferin" im Alten Hof entdeckt worden. „Zeitgleich mit Joseph Stiegler wurde bei einer Familie Fuchs ein Mädchen gefunden, das dementsprechend den Nachnamen Renardinn erhielt, nach dem französischen Wort für den Fuchs."

Warum sich die verzweifelten Mütter ausgerechnet diese Familien ausgesucht haben, ist nicht überliefert. Oft hätten sie für ihr Kind Hauseingänge, Treppenhäuser oder Hinterhöfe gewählt, also Areale, zu denen sie leicht gelangen und von wo sie schnell wieder verschwinden konnten, erklärt Götz. „Aber sie wollten ja auch, dass die Kleinen gefunden werden und sich jemand darum kümmert, deswegen waren die Plätze nicht allzu verborgen." Durchaus hätten die Mütter vermehrt Häuser von wohlhabenden Familien gewählt, in der Hoffnung, dass diese zumindest die Taufpatenschaft für das Kind übernehmen würden. Im Fall des Joseph Stiegler traf es das Haus am Frauenplatz 9, das die Münchner um 1800 nach seinem Besitzer, dem königlichen Hofrat Johann Nepomuk von Delling, auch „das Dellingsche Haus" nannten. „Genau genommen lag der Kleine vor der Tür der Kaffeeschenksfrau Theresia Gießer", hat Götz im Pfarrbuch aus jenem Jahr nachgelesen. „Sie hat die Patenschaft für ihn übernommen, auch wenn sie bei der Taufe nicht anwesend war."

Der kleine Stiegler hatte also Glück im Glück: Obwohl seine leibliche Mutter angesichts ihrer Armut keinen anderen Ausweg sah, als ihn auszusetzen, hatte sie sich einen günstigen Platz dafür ausgesucht, ihn abzulegen und seinem Schicksal zu überlassen. Roland Götz freut sich darüber, dass auch das Findelkind namens Joseph in München eine Spur hinterlassen hat – wenn auch nur eine kleine.

Heike Thissen

So geht's zum Frauenplatz 9:

Das Haus, vor dem einst das Findelkind Joseph Stiegler abgelegt wurde, stand am Frauenplatz 9 hinter der Frauenkirche.

08

Münchner Kindl

Ein Filmschauspieler auf der Spitze

Es steht ganz oben, das Münchner Kindl. Ganz oben auf der Spitze des Neuen Rathauses. „Jeder kennt es, aber kaum jemand weiß, wer das Münchner Kindl auf der Rathausspitze überhaupt ist. Wer Modell stand, als der Künstler es schuf", sagt die Gästeführerin Grit Ranft. Und vielen Münchnern sei auch nicht bewusst, dass das Kindl überhaupt da oben über der Stadt auf der Spitze des Rathausturms schwebt. „Das Münchner Kindl als Wappenfigur hat sich ja über die Jahrhunderte zunehmend verändert", erklärt die Stadtführerin. „Ganz ursprünglich war das Kindl ein Mönch, und das geht ja auch aus der Münchner Stadtgeschichte hervor." Im ersten offiziellen Dokument, als das heute die von Kaiser Friedrich I. Barbarossa 1158 ausgestellte Gründungsurkunde gilt, wird von „apud Munichen" gesprochen, was so viel bedeutet wie „bei den Mönchen". Es leitet sich vermutlich vom althochdeutschen „munih" ab, was auf die Niederlassung der Geistlichen hindeutet, die hier vor der Stadtgründung wohl auf dem Petersbergl lebten. Doch zunehmend habe das Münchner Kindl als Wappenfigur sich verselbstständigt und gewissermaßen eine eigene Gestalt angenommen, erzählt die Gästeführerin. „Es wurde immer jünger. Und wenn es ursprünglich nur mit dem Stadtwappen dargestellt worden war, dann gaben ihm die Künstler des 19. Jahrhunderts eine eigene Figur, jeder interpretierte es neu", schildert die Münchnerin den Werdegang des „Kindls".

Auf der Spitze des Rathausturms ist das Münchner Kindl ein kleiner Junge – geschaffen von Bildhauer Anton Schmid. „Das Modell für dieses Kind war sein neunjähriger Sohn, der später sehr bekannt werden sollte. Nicht als Modell für irgendwelche Statuen, sondern als Schauspieler", erzählt die Gästeführerin. Das Münchner Kindl hoch oben auf dem Rathaus ist kein anderer als Ludwig Schmid-Wildy (1896-1982). „Zumindest die ältere Generation kennt ihn aus dem Komödienstadl mit Trachtenjanker und Sepplhut", gibt Grit Ranft einen Hinweis und

Schmückt den Turm des Neuen Rathauses: das Münchner Kindl.

ergänzt: „Das Stück ‚Der verkaufte Großvater' mit ihm in der Titelrolle war 1976 ein großer Quotenerfolg." Bei den Münchnern besonders beliebt sei der Film „Brandner Kasper" gewesen, und zu großer Bekanntheit habe ihm die Fernsehserie „Königlich Bayerisches Amtsgericht" verholfen, in der er den Nachtwächter Veitl spielte.

Ludwig Schmid-Wildy sollte nach dem Willen seinen Vaters „was Gscheits lernen" und machte deshalb eine Konditorlehre. Und in eben jener Konditorei lernte er die Komiker Karl Valentin (1882-1948) und Liesl Karlstadt (1892-1960) kennen. „Die waren da wohl öfter zu Gast", sagt die Münchnerin. Wildy war von den beiden hellauf begeistert und so beeindruckt, dass er selbst die Schauspielerei ausprobierte. „Er begann gleich nach dem Ersten Weltkrieg beim Film und bei kleineren Bühnen Fuß zu fassen." Doch im Leben dieses Münchner Kindls gibt es einen „dunklen Fleck", wie Grit Ranft es nennt: „Und zwar war er Co-Regisseur bei einem der populärsten Propagandastreifen des Nationalsozialismus: Zusammen mit dem SA-Mann Hans Zöberlein (1895-1964) drehte er 1933 den Kriegsfilm ‚Stoßtrupp 1917'." Der Film habe die so genannte „Kampfzeit" der nationalsozialistischen Bewegung bis zur Machtübernahme 1933 glorifiziert. Auch bei dem Film „Um das Menschenrecht" handelte es sich um NS-Propaganda.

„Das Münchner Kindl hat sich ja über die Jahrhunderte zunehmend verändert."

Das Münchner Kindl wurde auf den Wappen während des Nationalsozialismus auch entsprechend umgestaltet. „In jener Zeit sah es eher aus wie ein Schutzmann, und über seinem Haupt prangte das Hakenkreuz", beschreibt Grit Ranft die nationalsozialistische Version der München-Allegorie, die selbstverständlich nach dem Krieg aus ganz München entfernt wurde. Sie war auch nie am Turm des Alten Rathauses zu sehen, dessen Fassade einen Überblick über die unterschiedlichen Darstellungen des Stadtwappens im Laufe der Geschichte gibt. Dieser Turm wurde nach Kriegszerstörungen nämlich erst Anfang der 1970er-Jahre und damit pünktlich zu den Olympischen Spielen 1972 nach alten Vorlagen rekonstruiert.

Und wie ging es mit Ludwig Schmid-Wildy weiter? „Nach dem Krieg hatte er zunächst Berufsverbot bis 1952", berichtet Grit Ranft. „Er hat sich dann aufs Erfinden verlegt und zum Beispiel eine Knödelmaschine entwickelt. Außerdem eine unbegrenzt lagerfähige Batterie. Mit diesem Patent konnte er eine eigene Batteriefirma eröffnen mit 50 Angestellten." Doch später kehrte er auf die Bühne und zum Film zurück und schlüpfte in seine Parade-Rollen, wie die des Veitl. „Außerdem hat er eine bekannte Münchner Bühne vor allem für Volkssänger und Volksschauspieler geleitet, die es heute nicht mehr gibt: Am Platzl", berichtet Grit Ranft. Und kurz vor seinem Tod trat er noch in einer Folge des „Pumuckl" auf und spielte in der ersten Staffel beim „Spanferkelessen" mit.

Das ist aber hier die einzige Verbindung zwischen dem Kindl und dem kleinen Kerl mit den roten Haaren: Nein, Pumuckl, der sich ja zeitlebens mit dem Münchner Dialekt schwergetan hat, ist kein abgewandeltes Münchner Kindl. Aber seine Erfinderin Ellis Kaut (1920-2015) war es. Nach 1920 entwickelte sich das Münchner Kindl weiter zum Mädchen. Viele Darstellungen auf Postkarten aus der damaligen Zeit zeugen heute noch davon, denn diese wurden gerne vom Oktoberfestbesuch in die Heimat verschickt. Seit 1938 schlüpft ein lebendiges Kindl in die Verkleidung des Münchner Wappensymbols, und das war damals eben die spätere Kinderbuchautorin Ellis Kaut.

Meistens stammt die „Botschafterin der Landeshauptstadt" aus dem Kreise der Brauereien, Schausteller oder Wiesnwirte. Deren Einzug auf dem Oktoberfest darf sie alljährlich anführen und dem Oberbürgermeister beim Fassanstich über die Schulter blicken.

Und ansonsten ist ja jeder, der in München geboren ist, ein Münchner Kindl. Grit Ranft nicht. Sie stammt aus Ulm. Aber nach knapp 20 Jahren in ihrer neuen Wahlheimat fühlt sie sich wie ein (fast) ganz echtes Münchner Kindl.

Eva-Maria Bast

So geht's zum Münchner Kindl:

Man kann es hoch oben auf der Rathausturmspitze entdecken. Das Rathaus steht am Marienplatz.

Dr. Brigitte Huber weiß, wer der Mann auf dem Gitter ist.

09

Gitter

Nicht in Stein gemeißelt – aber in Eisen gegossen!

Dass ein Prinzregent das Eingangsgitter des eigenen Geschäftes ziert, das kann wahrlich nicht jeder Münchner Einzelhändler von sich behaupten. Das Wäschegeschäft Rosner & Seidl kann, oder besser: *konnte*. Denn dieses Geschäft gibt es seit 1988 nicht mehr. Heute ist es Teil des Kaufhauses Ludwig Beck, und dort freut man sich sicherlich ebenso sehr über den Prinzregenten am Gitter. Doch wie kommt er da hin? Die Münchner Stadtchronistin Dr. Brigitte Huber kennt die Geschichte: „Prinz Luitpold", erzählt sie, „gerade volljährig geworden und in die Armee eingetreten, hatte an seinen beiden ersten Dienstagen, am 1. und 2. April 1839, vor dem Haus Dienerstr. 21

Wache stehen müssen." Just vor dem Haus, in dem sich später das Wäschehaus Rosner & Seidl befinden sollte. „In diesem Haus wohnte damals der Artilleriegeneral Karl Freiherr von Zoller", berichtet Brigitte Huber. Ein Prinz, der wie ein einfacher Soldat Wache schiebt, das sorgte in München natürlich für großes Aufsehen. Beinahe die ganze Stadt wollte den in Artillerieuniform gekleideten Prinzen vor seinem Schilderhaus (Wachhaus) bewundern. Brigitte Huber verweist auf eine Publikation des früheren Stadtarchivars Dr. Richard Bauer, in der er einen späteren Biografen Luitpolds folgendermaßen zitiert: „(...) und so trat der Prinz am 1. April 1839 den aktiven Dienst in der bayerischen Armee an, indem er an diesem Tage, am zweiten Osterfeiertage, vor dem Haus des Generals Karl von Zoller in der Dienerstraße mittags von 12 bis 1 Uhr in Hauptmannsuniform mit der Muskete zum Wohlgefallen einer großen neugierigen Menschenmenge zum erstenmale Schildwache stand." Eine weitere Attraktion für die Münchner: Auch „die königliche Mutter fuhr absichtlich um diese Zeit durch die genannte Straße, um ihren geliebten Sohn als Wachposten zu sehen und seine Salutierung entgegenzunehmen". Wer den Königssohn mittags verpasst hatte, hatte abends noch eine echte Chance, da nämlich „bezog der Prinz (...) von 6 bis 8 Uhr ebendaselbst" Stellung. Diesmal fuhr zwar nicht „die königliche Mutter" vorbei, wohl aber „die königliche Großmutter Karolina, sowie die Prinzessinnen Adelgunde, Hildegarde und Alexandra". Der vor seiner Großmutter und seinen Schwestern „stramm salutierende" Enkel und Bruder nahm wieder ein Bad in der Menge, wie der Biograf schrieb: „Auch diesmal sammelte sich eine große Menschenmasse um den wachehaltenden Prinzen, und wenn dieselbe ihn gar zu sehr umdrängte und auf den Leib rückte, suchte er sie gelinde von sich abzuwehren." Vergünstigungen wünschte die Hoheit offenbar keinesfalls zu bekommen. „Da ferner der Prinz nichts vor anderen voraushaben, sondern wie ein gemeiner Artillerist seinen Dienst thun wollte, so weigerte er sich auch, in einem eigens für ihn bereitgestellten Zimmer zu schlafen. Sondern bestand darauf, im Wachtzimmer wie jeder Andere auf har-

„Und vor diesem Haus musste Luitpold Wache schieben, was in München natürlich für große Aufregung sorgte."

ter, hölzerner Lagerstätte die Nacht zu verbringen. Früh um 6 Uhr verrichtete der Prinz seine dritte Wache (...)"

Der Prinz habe seine Zeit beim Militär durchaus genossen, sagt Brigitte Huber. „Er blieb dem Münchner Artillerieregiment zeitlebens verbunden. Es nannte sich später auch nach ihm Prinzregent-Luitpold-Kanoniere."

Luitpold war ausgesprochen beliebt in Bayern – vielleicht nicht zuletzt wegen dieses bescheidenen Auftretens. Er förderte Kunst und Kultur und führte 1903 das Frauenstudium im Königreich ein. Auf seinen zahlreichen Jagdausflügen gab er sich sehr volksnah und freundlich. Die „Prinzregentenzeit" wurde im Nachhinein romantisch verklärt. Und der nach Luitpolds Tod ab 1913 regierende König Ludwig III. (1845-1921) wollte diese Popularität hochhalten, weshalb er alle Bezugspunkte zu Luitpolds Lebensstationen einem besonderen behördlichen Schutz unterstellte. Als im Jahr 1913 der nunmehrige Hausbesitzer Friedrich Rosner seine Immobilie umbauen wollte, signalisierte ihm das Innenministerium, er soll eine Gedenktafel mit der Inschrift „Prinz Luitpold von Bayern" anbringen. „Aber Rosner hatte eine bessere Idee", sagt Brigitte Huber. Vielleicht, weil er als Hoflieferant besonderen Diensteifer an den Tag legte oder auch weil er gern zeigen wollte, wie sehr er dem Königshaus nahestand? Jedenfalls gab er bei einem Kunstschmied ein Eisengitter in Form einer Supraporte in Auftrag, das, wegen der Kriegsschäden aufwändig restauriert, heute wieder über dem Seiteneingang des Kaufhauses Ludwig Beck zu sehen ist. Es zeigt ein Schilderhäuschen und den ziemlich stramm stehenden späteren Prinzregenten. Vielleicht salutiert auch dieser Eisen-Mann besonders schön, wenn einmal eine hochgestellte Persönlichkeit vorbeikommt?

Eva-Maria Bast

So geht's zum Gitter:

Es befindet sich am Seiteneingang des Kaufhauses Ludwig Beck in der Dienerstraße 21 über dem Eingang.

Der Chinesische Turm ist eines der Wahrzeichen des Englischen Gartens. Doch ausgerechnet Gartenarchitekt Friedrich Ludwig von Sckell fand ihn hässlich und völlig fehl am Platz.

10

Chinesischer Turm

Der Dorn im Auge des Architekten

Der Englische Garten ohne Chinesischen Turm? Unvorstellbar! Dem Park würde sein Herzstück fehlen! Darin sind sich nicht nur die Münchner einig, sondern alle, die hier einmal an einem lauen Sommerabend bei internationalem Stimmengewirr im Biergarten gesessen haben. Doch es gab jemanden, der das Bauwerk so hässlich und fehl am Platz fand, dass er seinen Abriss wünschte. Und dieser Jemand war niemand Geringeres als Friedrich Ludwig von Sckell (1750-1823), seines Zeichens Gartenbaumeister eben jenes Münchner Volksparks, in dem der Turm noch heute steht.

„Das ist schon eine kuriose Geschichte, von der die wenigsten Einheimischen wissen: dass der Schöpfer des Englischen Gartens das Wahrzeichen des Englischen Gartens nicht mochte“, sagt Michael Degle mit einem Augenzwinkern. Er ist als Mitarbeiter der Bayerischen Schlösserverwaltung zuständig für die Anlage und kennt sich bestens in der Geschichte und den Geschichten des beliebten Naherholungsgebiets aus. „Sckell empfand den chinesischen Baustil als nicht nachahmenswert und empfahl, den Turm zu entfernen, sobald die Holzkonstruktion baufällig sei“, erzählt Degle weiter. Weil der Gartenarchitekt den sofortigen Abriss nicht durchsetzen und auch den Verfall nicht beschleunigen konnte, veranlasste er, dass um den Turm herum Pappeln gepflanzt wurden. So war das Bauwerk mit den Jahren immer weniger zu sehen. „Auf Zeichnungen aus jener Zeit ist das deutlich zu erkennen“, hat Michael Degle herausgefunden. Diese nahe Bepflanzung war natürlich alles andere als im Sinne von Benjamin Thomson (1753-1814), der aufgrund seiner Verdienste um die Reorganisation des Militärs in den 1790er-Jahren von Kurfürst Carl Theodor (1724-1799) zum Reichsgrafen von Rumford ernannt worden war und den Turm als Aussichtsplattform hatte aufstellen lassen. Denn in Teilen des späteren Englischen Gartens hatte Rumford von Soldaten Nutzgärten anlegen lassen, die auch deren Versorgung mit Lebensmitteln dienen sollten.

„Sckell empfand den chinesischen Baustil als nicht nachahmenswert.“

Doch wie kommt Rumford überhaupt dazu, mitten in München einen Turm aufzustellen, der an eine chinesische Pagode erinnert? „Schon seit dem Barock und bis weit ins 18. Jahrhundert hinein war in Bayern alles Chinesische – oder was so aussah – in Mode“, erklärt Michael Degle die Hintergründe. Diesem Faible ist zum Beispiel auch die Pagodenburg im Nymphenburger Park zu verdanken, die Kurfürst Max Emanuel (1662-1726) schon in den Jahren 1716 bis 1719 errichten ließ. Die sogenannte Chinoiserie ist auch 1789 noch en vogue, als Rumford seinen Kurfürsten Carl Theodor dazu überredet, aus seinem Jagdrevier, dem Hirschanger, einen Park fürs Volk zu machen.

Michael Degle sieht aber auch noch eine andere mögliche Erklärung für Rumfords Schwäche für chinesische Baukunst: „Er interessierte sich ja sehr für Landwirtschaft und hielt die chinesische für ein Beispiel von vorbildlicher Bodennutzung. Bayern kam ihm im Vergleich ziemlich rückständig vor.“ Zudem hat sich Rumford von einer großen Pagode im Schlosspark im englischen Kew östlich von London begeistern und inspirieren lassen. Doch was in München nach den Entwürfen des Mannheimer Militärarchitekten Joseph Frey (1758-1812) zu stehen kommt, ist dann doch etwas gänzlich Eigenes. Das fängt schon beim Baumaterial an: Der Chinesische Turm an der Isar wird aus Holz und nicht aus Stein errichtet. Auch für die Bauweise verwendet Frey keineswegs chinesische Holzwerkkonstruktionen, sondern gute bayerische Zimmermannstechnik, die sich in ihren Details grundlegend von asiatischer Architektur unterscheidet. Außer dem Namen, so fasst es Architekt Theodor Dombart in seinem Buch über die Gartenanlage zusammen, erinnere an dem fünfgeschossigen Turm nicht mehr viel an China. „Dafür war es dem bescheiden im Hintergrund gebliebenen Künstler (…) zweifellos gelungen, (…) etwas nahezu Münchnerisch-Bodenständiges zu schaffen“, fährt Dombart fort. Wenig begeistert von den Plänen ist dagegen Friedrich Ludwig von Sckell, doch er muss sich fügen.

Michael Degle lehnt an einem Balken unter dem Chinesischen Turm. Er kennt die Geschichte und Geschichten des Bauwerks.

Am 28. September 1789 beginnen die Bauarbeiten. Im Frühjahr des darauffolgenden Jahres ist der Turm bereits zu seiner endgültigen Höhe von 24 Metern und seinen 17 Metern Durchmesser am Boden angewachsen. 4000 Gulden stellt Hofzimmermeister Johann Baptist Erlacher (1808-1863) für seine Arbeit in Rechnung. Die Erfolgsgeschichte des Chinesischen Turms kann losgehen. Und es dauert nicht lange, bis die Münchner ihn ins Herz geschlossen haben.

Doch nachdem Friedrich Ludwig von Sckell 1804 die Verwaltung der bayerischen Hofgärten übernommen hat, legt er König Maximilian I. am 10. August 1807 einen Neuentwurf des Englischen Gartens vor. In dem Begleitschreiben erläutert er, er sei unzufrieden mit der Art der Bepflanzung, die „pittoreske Ansichten“ nicht zulasse, und mit den aus Holz errichteten Parkbauten. Diese seien weder stabil genug gebaut noch entsprächen sie der „reinen Baukunst". Vor allem der Chinesische Turm ist ihm ein Dorn im Auge: Er solle abgerissen werden, da „der Chinesische Geschmack der Baukunst keine Nachahmung verdienet, und wenn einst dieser ganz faul seyn wird, und abgebrochen werden muß, kein anderer mehr erbauet werden dürfte". Doch seine Kritik überzeugt nicht, denn zu groß ist bereits die Begeisterung unter den Münchnern für das hölzerne Bauwerk.

Diese Besonderheit, dass sie aus Holz und nicht aus Stein gefertigt ist, soll der Pagode zum Verhängnis werden. Am schlimmsten trifft es sie bei einem Luftangriff im Zweiten Weltkrieg, als Phosphorbomben sie am 13. Juli 1944 in Brand stecken. „Der heutige Turm ist also nur ein Nachbau des Originals. Dafür hat sich 1948 ein Verein zum Wiederaufbau gegründet, für den viele Münchner Handwerker ihre Arbeitsleistung kostenlos zur Verfügung gestellt haben", erklärt Michael Degle. Die Wendeltreppe in der Mitte, die Schindeldächer auf jeder Etage und die vergoldeten Kugeln an den Ecken: Alles wird wieder neu geschaffen. 1952 kehrt das Leben zurück an den Chinesischen Turm und ab 1960 dürfen ihn die Besucher endlich wieder betreten, um den Blick über den Englischen Garten schweifen lassen – allerdings nur für kurze Zeit. Seit den 1970er-Jahren ist es Gästen aus Sicherheitsgründen verboten, die oberen Etagen zu betreten. Lediglich die Musikkapellen dürfen für ihren Auftritt dort oben Platz nehmen.

Den Einheimischen und den Besuchern ist das egal. Mit seinen rund 7000 Sitzplätzen ist der Biergarten am Fuß des Turms der zweitgrößte in der Stadt und einer der größten in ganz Bayern. Einer der beliebtesten ist er ohnehin – ganz unabhängig davon, was Friedrich Ludwig von Sckell vor mehr als 200 Jahren über den Turm zu schimpfen hatte.

Heike Thissen

So geht's zum Chinesischen Turm:

Er steht im Englischen Garten an der Carl-Theodor-Straße unweit der Bushaltestelle „Chinesischer Turm" der Linien 54 und 154.

Marina Kolmeder kennt die Geschichte dieser Skulptur.

11

Murmeltier

Kind und Tier allein unterwegs

Sehr versteckt, in einem Innenhof und dann noch in einer Ecke, kann man ihn entdecken: einen Mann, der ein Murmeltier auf dem Arm hält. Anscheinend versucht das Tier nach ihm zu schnappen, denn der Mann biegt den Kopf von ihm weg. Was haben die beiden Steinfiguren dort verloren? „Ursprünglich war die Skulptur Teil eines Brunnens", erzählt Marina Kolmeder. „Der Brunnen stand hier im Innenhof und wurde irgendwann abgebaut. Die Figur wurde an der Hauswand angebracht." Die Gästeführerin weiß auch, was die Skulptur darstellt: „Eigentlich ist das kein Mann, sondern ein Kind. Die Figur soll ein Wanderkind aus Savoyen mit Murmeltier darstellen."

Im südfranzösischen Savoyen habe Anfang des 19. Jahrhunderts große Armut geherrscht, erzählt sie. „Savoyen war eine sehr entwicklungsschwache Region, obwohl sie auch viele berühmte Persönlichkeiten und Adelsgeschlechter hervorbrachte, wie zum Beispiel unseren Montgelas, der ebenfalls einer savoyardischen Familie entstammt, allerdings hier in München geboren ist." Die Savoyarden lebten über-

Kind mit Murmeltier.

wiegend von Milchwirtschaft und Tourismus. „Die Kinder sind mit ihren Nagetieren, die in der Gegend oft vorkamen, durch die Landschaft gezogen und haben Kunststücke vorgeführt.“ Bis nach München seien die Kleinen mit ihren Erdhörnchen gekommen. „Warum ausgerechnet für dieses Haus ein Brunnen geschaffen wurde, den das Nagetier mit dem Savoyarden ziert, weiß man nicht“, sagt die Theaterwissenschaftlerin, „aber das war in der damaligen Zeit ein präsentes Motiv.“

Sogar eine Mode aus Savoyen – ein unter dem Kinn gebundenes Kopftuch – erhielt den Namen Murmeltier, französisch *Marmotte*: Man trug das Kopftuch „à la Marmotte“. Das „Journal des Luxus und der Moden“ berichtete 1802: „Gleichwohl trägt man zu gleicher Zeit die Murmelthierkappe so eng und weit ins Gesicht hinein, daß dies die Hitze sehr vermehren muß (...)“

So bekannt waren die Marmottes, dass Goethe ihnen ein Lied widmete, das kein Geringerer als Beethoven 1805 vertonte:

„Ich komme schon durch manche Land / avec que la marmotte / und immer was zu Essen fand / avec que la marmotte.“

Durch dieses Lied hätten Goethe und Beethoven auch das Schicksal der Wanderknaben ins Bewusstsein geholt, sagt Marina Kolmeder. „Denn eigentlich ist das eine tragische Geschichte: von Kindern, die aus wirtschaftlicher Not allein auf Wanderschaft gehen müssen.“

Manch einer, der das Lied als Kind gesungen hat, tat das vielleicht – wenn ihm seine Eltern den Hintergrund erzählt hatten – voller Mitgefühl für die armen Wanderkinder. Und voller Dankbarkeit, einen vollen Bauch und ein Dach über dem Kopf zu haben.

Eva-Maria Bast

So geht's zum Murmeltier:

Es hängt im Innenhof des Gebäudes Josef-Spital-Straße 6.

Margaretha Becker weiß: Diese Gasse ist wohl ein altes Bachbett!

12

Linie

München als Stadt der Flüsse und Bäche

Venedig? In München? Aber unbedingt! Zumindest früher: „Viele wissen es nicht, aber unsere Stadt wurde bis ins 19. Jahrhundert oft Klein Venedig genannt“, sagt Stadtführerin Margaretha Becker. „Denn München hatte über 90 Flusssysteme, die allesamt im Laufe der Jahrhunderte zugeschüttet oder überbaut wurden. Die allerletzten wurden nach dem Krieg verschüt-

Die rote Linie zeichnet den Verlauf von einem der Bäche nach, die durch die Innenstadt flossen.

tet, als in den 1960er-Jahren das U-Bahn-System gebaut wurde. Man hat sie alle zubetoniert." Zwölf von damals noch 17,5 Kilometern Fluss wurden trockengelegt. Doch es gibt noch etwas, das an das weitverzweigte Gewässersystem in der Innenstadt erinnert: Durch eine Gasse auf der Nordseite des Viktualienmarkts läuft eine rot gepflasterte Steinspur, die den Verlauf des einstigen Pfisterbachs nachzeichnet. „Diese Gasse war früher ein Bachbett", erklärt Margaretha Becker und ist regelrecht begeistert, dass den Gewässern mit der Pflasterung ein solches Denkmal gesetzt wird: „Sie waren ja sozusagen Lebensadern der Stadt. Die Isar folgte im Mittelalter einem natürlichen Verlauf und war ein kaum zu bändigender Hauptstrom, den alle gefürchtet haben, weil er so reißend war." So friedlich wie heute war sie beileibe nicht, man konnte sie kaum befahren. Doch viele gingen das Wagnis trotzdem ein: „An der Kohleninsel, der heutigen Museumsinsel, und am linken Isarufer legten die Flöße an, es war ein regelrechter Verkehrsknotenpunkt. Die Isar hatte damals viel mehr Nebenarme, die umso mehr nutzbar waren", schildert die Münchnerin. Man habe von ihnen Wasser abgezweigt, Wassermühlen für Getreide, Schmieden und Kalkwerke gebaut. Mit der Wasserkraft wurde gestampft, gemahlen, gehämmert und gesägt. Damit diese Kraft erhalten werden konnte, mussten die abgezweigten Bäche immer wieder trockengelegt werden, um Sedimente und Abfälle, die der Fluss nicht mitnahm, auszuschaufeln und so die Durchflussmenge wieder zu erhöhen. Dieser Vorgang nennt sich sinnbildlich „Bachauskehr". Aus diesen Wasserläufen wurden neue Arme abgezweigt, die etwas weiter flussabwärts wieder in den ursprünglichen Wasserlauf mündeten. Benannt waren die meisten Seitenarme nach den Mühlen, die an ihnen standen. So konnte ein und derselbe Bach mehrmals den Namen wechseln. „Und auch innerhalb der Stadt gab es ein Flusssystem, das die Bevölkerung allerdings nicht mit Trinkwasser versorgte. Trinkwasser gewann man aus Brunnen", erklärt Margaretha Becker. „Die Bäche, die durch die Stadt flossen, verwendete man als Brauchwasser, zum Beispiel als Tränke für die Tiere." Ungefähr im 16. Jahrhundert begann man damit, die Wasserkraft der Bäche zu nutzen, um Pumpen anzutreiben. Diese pumpten das Grundwasser von den Brunnen in Wassertürme, von denen aus das Wasser durch Rohre bis in die Häuser geleitet werden konnte. Auch der Stadtgraben, der die Stadtmauer umgab, sei von den fließenden Gewässern gefüllt worden.

„Die Isar hatte damals viel mehr Nebenarme, die umso mehr nutzbar waren."

„Aber die Flüsse waren nicht nur Segen, nicht nur Lebensader. Es sind durch sie auch Menschen zu Tode gekommen", bedauert die Münchnerin. Ein besonders tragischer Vorfall ereignete sich am 13. September 1813: Um ein starkes Hochwasser zu beobachten, befinden sich besonders viele Münchner auf der Ludwigsbrücke. Doch das Hochwasser hat die Steinpfeiler unterspült, der Teil der Brücke, der über die Kleine Isar führt, stürzt ein und reißt rund 100 Menschen mit sich in die Tiefe. „25 Jahre später gab es einen weiteren tragischen Einzelfall", ergänzt Margaretha Becker. Die Magd Anna Kohlauf passiert im Jahre 1838 den Radlsteg, es ist kalt, die holperigen Holzplatten, aus denen der Boden besteht, sind vereist. Anna Kohlauf rutscht aus, fällt in den Fluss und ertrinkt. Daraufhin vermeldet der „Bayerische Volksfreund" am Montag, den 15. Januar 1838: „Vorgestern Nachts 11 Uhr stürzte die ledige Anna Kohlauf von dem mit Eis überzogenen Steg am Radlsteg in den Stadtbach und wurde bei der Einschütte todt herausgezogen. Das hat die Münchner sehr bewegt, zumal einige Bürger kurz zuvor eine Eingabe gemacht hatten, dass die Steigung am Anger begradigt werden möge, da dort bei Glatteis immer so viele Menschen stürzten. Und die Obrigkeit hat nicht schnell genug nachgegeben." Zwar habe sich das Unglück nicht am Anger, sondern am Radlsteg ereignet. Aber dennoch seien die Gemüter der Münchner nicht zuletzt wegen der Haltung des Rats, die Gefahren am Anger betreffend, so hochgekocht, berichtet die Münchnerin.

„Aber die Flüsse waren nicht nur Segen, nicht nur Lebensader. Es sind durch sie auch Menschen zu Tode gekommen."

Noch aus einem weiteren Grund fürchteten manche Münchner einst den Fluss – vor allem im Mittelalter: „Auf dem Viktualienmarkt befand sich der Roßschwemmbach, in dem die Bäckertaufe stattfand. Das klingt harmlos, war aber eine harte Strafe." Denn Bäcker, die nicht ehrlich gewesen waren und ihren Kunden zu kleine Brötchen oder ihr Brot zu überteuerten Preisen verkauft hatten, wurden auf eine Art Wippe geschnallt und untergetaucht. „Manche haben das nicht überlebt, weil sie unter Wasser eingeatmet haben und dadurch zu Tode kamen", blickt die Gästeführerin auf die grausamen Strafen im Mittelalter zurück. Und diejenigen, die es überlebt haben, wurden anschließend an den Pranger gestellt und mit Steinen beworfen.

„All das ereignete sich hier am Viktualienmarkt", sagt Margaretha Becker. „Und all das hat mit Münchens Bächen zu tun." Bäcker, die zu kleine Brötchen backen, werden heute zwar nicht mehr in den Fluss getaucht, aber bei Backwaren von schlechter Qualität bekommen die Münchner immer noch ausgesprochen schlechte Laune. Doch der Viktualienmarkt ist ja bekannt für seine guten Lebensmittel. Und wenn man die nach Hause trägt, kann man durch ein altes Bachbett gehen, das heute eine Gasse ist.

Eva-Maria Bast

So geht's zur Linie:

Sie führt durch die Heiliggeiststraße, die auf der Rückseite der Heiliggeistkirche verläuft.

Der Löwe haucht seinen Jungen Leben ein – wie Heinrich der Löwe einst dem Ort Munichen.

13

Löwenfamilie

Die Mär vom eingehauchten Leben

Bewacht er die Sparkasse? Soll er sie vor Bankräubern schützen? Vermutlich nicht, dazu hat er keine Zeit. Denn der Löwe, der als steinernes Relief an der Hauswand des Geldinstituts angebracht ist, hat Wichtigeres zu tun, als sich um den schnöden Mammon zu kümmern oder um jene, die selbigen möglicherweise entwenden wollen: Er versorgt seine Jungen, die ihm ihre hungrigen Mäulchen entgegenstrecken. Aber was hat das Relief für eine Bedeutung? Warum hängt es da, mitten in München? „Es spielt an auf unseren Gründungsvater Heinrich den Löwen", erzählt Cathérine Fischer. Die junge Münchnerin ist mit großer Begeisterung Tag für Tag in ihrer Stadt unterwegs – vor allem, weil es eben immer Neues zu entdecken gibt. Als Stadtführerin begleitet sie nicht nur Gäste, sondern auch Münchner durch die Stadt und hat festgestellt: „Fast niemand kennt das Relief. Obwohl alle dort vorbeigehen."

Natürlich hat die Literaturwissenschaftlerin sich auch mit der Geschichte hinter dem Relief beschäftigt und weiß: „Der Name Heinrichs des Löwen kommt ja nicht nur daher, dass er stark und machtvoll war wie ein Löwe, sondern weil er vom Geschlecht der Welfen abstammt. Und Welpen wurden damals nicht nur die Jungen von Hunden genannt, sondern auch die Jungen von Löwen. Dem Namen nach war er also ein Löwenjunge", erläutert Cathérine Fischer die symbolische Bedeutung der dargestellten Löwengruppe und verweist auf die griechische, frühchristliche Naturlehre des Physiologus. „In diesem war beschrieben, dass die Löwen ihre Jungen unlebendig auf die Welt bringen. Nach drei Tagen erst kommt der Löwenvater und haucht ihnen Leben ein." Im Orignaltext: „So ist diu dritte nature sin, swenne diu Lewin / daz welf totiz erwirfet, dar zuo sich diu muotir rihtet. / si huotet sin dri tage, unz daz der vater chumet dare. / so blæset undir daz antluzze der jungen, lebentich werdent si an den stunden." Und genau diese Szene aus dem Physiologus sei hier dargestellt. „Symbolisch sind hier die Jungen die Stadt München, der er als Gründungsvater das Leben einhaucht", erklärt Cathérine Fischer.

Die wenigsten Münchner beachten das Relief an der Fassade der Sparkasse, hat Cathérine Fischer beobachtet.

München bestand schon als kleine Ansiedlung, als dem Welfen Heinrich dem Löwen (um 1129/1130 oder 1133/35-1195) im Jahr 1156 von seinem Cousin, Kaiser Friedrich I., genannt Barbarossa, das Herzogtum Bayern zugesprochen wurde. Auch wenn er sich deutlich mehr um sein welfisches Herzogtum Sachsen kümmerte, ist es doch ihm zu verdanken, dass die Stadt in der Folge durch den Salzhandel großen Wohlstand erlangte. Denn riesige Mengen Salz, das man damals auch als „weißes Gold" bezeichnete, wurden von Berchtesgaden und Reichenhall über die Isar ins Schwäbische transportiert. Den Fluss überquerten die Salzhändler auf einer Brücke bei Oberföhring, was zur Folge hatte, dass die Zolleinnahmen in die Taschen des Freisinger Bischofs flossen. Das war von 1138 bis 1158 Otto I. (1112-1158), der Onkel des Staufers Friedrich Barbarossa. Zwei Jahre nachdem Kaiser Friedrich (1122-1190) Heinrich den Löwen zum Herzog von Bayern ernannt hatte, zerstörte dieser 1158 die Föhringer Brücke, leitete die Salzhändler auf sein eigenes, stromaufwärts gelegenes Gebiet um und ließ sie dort auf seiner neu angelegten Brücke, zu der auch ein Markt und natürlich eine Zollstätte gehörten, die Isar überqueren. Der Freisinger Bischof, der nun um seine Zolleinnahmen gebracht worden war, ersuchte seinen Neffen Barbarossa zwar um Unterstützung, doch der Kaiser bestimmte nur, dass der Freisinger Bischof ein Drittel der Einnahmen bekommen sollte, und billigte im Übrigen das gewaltsame Vorgehen des Löwen durch das „Augsburger Schied“ auf dem Reichstag an Pfingsten 1158.

„Fast niemand kennt das Relief. Obwohl alle dort vorbeigehen.“

Durch die mit dem Salzhandel einhergehenden Einnahmen blühte München auf, Heinrich der Löwe hatte nun seine Tatze auf den gesamten Salzhandel im süddeutschen Raum gelegt und fütterte die hungrigen Münchner Münder. Auch wenn er sich in seinen 24 Jahren als bayerischer Herzog nur zweimal in München aufhielt (meistens auf der Durchreise nach Italien): Er hatte dieser Stadt Leben eingehaucht!

Eva-Maria Bast

So geht’s zur Löwenfamilie:

Der Löwe und seine Jungen hängen als Relief an der Wand der Sparkasse am Marienplatz 17.

MURR
OLIVA
DHL
Parkschein

Kirchtürme

Auf den Standpunkt kommt es an

Am besten kann man es erkennen, wenn man von der Schellingstraße auf die Universitätskirche St. Ludwig zugeht: Die beiden 71 Meter hohen Türme des Gotteshauses ragen nicht nur vergleichsweise dünn, sondern auch auffallend weit voneinander entfernt in den weiß-blauen Himmel. Auf Höhe der Amalienstraße sehen sie gar so aus, als würden sie überhaupt nicht zum Mittelstück des Bauwerks gehören, sondern ein jeder für sich allein an dessen Seite stehen. Was sich der Architekt dabei wohl gedacht hat? Eine ganze Menge! Denn wer aus der Schellingstraße auf die Kirche blickt, hat schlichtweg den falschen Standpunkt gewählt.

Die Fassade von St. Ludwig ist nämlich nicht dafür gedacht, von vorn angesehen zu werden. Vielmehr wollte König Ludwig I., dass man sie beim Beschreiten der Ludwigstraße aus der Schräge betrachtet. Außerdem sollte das Gotteshaus einen optischen Bezug und Kontrapunkt zur bereits bestehenden Theatinerkirche am Odeonsplatz herstellen. Deswegen entschied sich Architekt Friedrich von Gärtner (1791-1847), der von Ludwig I. (1786-1868) den Auftrag für die Baupläne erhielt, dafür, die Frontansicht des Gotteshauses etwas eigenwillig zu gestalten. Doch dank ihm ist es heute noch so, dass sich die Proportionen der Kirche durch den Schrägblick zum Beispiel aus Nähe des Odeonsplatzes verschieben. So rücken die Türme an den Mittelteil heran und sehen so aus, als stünden sie nah beieinander, jedoch ohne einander zu verdecken. Blickt man andererseits durch das die Ludwigstraße im Norden abschließende Siegestor – das auch von Ludwig I. in Auftrag gegeben wurde – auf die Türme, so wird der hintere vom vorderen Turm nahezu verdeckt.

„Ei ei, die Herren wollen nicht! Ich will doch sehen, ob sie das Geld schaffen werden."

Der Bau der Kirche, die dem 1297 heiliggesprochenen Ludwig IX. von Frankreich geweiht wurde, begann am 25. August 1829. Die-

Die beiden Türme der Ludwigskirche ragen dünn und seltsam weit voneinander entfernt in den Himmel – jedenfalls von der Schellingstraße aus betrachtet.

Wer den richtigen Standort wählt, blickt auf eine wohl proportionierte und ausgewogene Kirchenfassade.

ser Tag war dafür prädestiniert, feierte Ludwig I., der von 1825 bis 1848 König von Bayern war, doch nicht nur seinen 33. Geburts-, sondern auch seinen Namenstag. Die Stadt München hatte er allerdings erst ein bisschen zu ihrem Glück zwingen müssen. Nachdem die Baukosten in den ersten Hochrechnungen auf rund eine Million Gulden geschätzt wurden, hatte der Magistrat den Antrag zunächst fast einstimmig abgelehnt. „Ei ei, die Herren wollen nicht! Ich will doch sehen, ob sie das Geld schaffen werden", ist von Ludwig als Reaktion darauf überliefert. Dass es ihm wichtig war mit der Kirche, lässt sich an den drastischen Mitteln ablesen, mit denen er der Stadtverwaltung drohte: Den Abzug der Universität und gar das Ende als Residenzstadt zog er in Erwägung. Also erklärte sich die Stadt doch bereit, sein Projekt im klassisch-romantischen Stil mitzutragen, und kam schlussendlich für 80 Prozent der Kosten von 950.000 Gulden auf. Doch drei Jahre nach Baubeginn sorgten Kriegsgefahr, politische Unruhen, drohende Seuchen und Preissteigerungen dafür, dass die Arbeiten eingestellt wurden. Erst 1835 ging es weiter, mit dem Ziel, das Gotteshaus bis 1842 fertigzustellen. Am 8. September 1844 schließlich konnte die vollendete Kirche geweiht und der Stadtgemeinde übergeben werden. Seither ist sie aus der Ludwigstraße nicht mehr wegzudenken, auch – und vor allem – wegen ihrer beiden markanten Türme.

Heike Thissen

So geht's zu den Kirchtürmen:

Die Kirchtürme gehören zur Universitätskirche St. Ludwig, die in der Ludwigstraße 20/22 steht.

Rudolf Hartbrunner hockt bei den bronzenen Ziegen, die daran erinnern, welch große Rolle die Tiere einst für viele Familien in Haidhausen spielten.

15

Ziegenfamilie

16 Reichspfennige für ein Glas Gesundheit

Wären sie nicht aus Bronze gegossen, man könnte sie meckern hören. Denn die drei Ziegen in einem Hinterhof in der Preysingstraße sind sehr gelungene Kopien ihrer lebenden Vorbilder. Doch sie sind nicht nur nett anzusehen, sie halten auch die Erinnerung an ein Kapitel der Haidhauser Geschichte wach, als etliche Familien des Stadtteils von den genügsamen Tieren abhängig waren. Heimatforscher Rudolf Hartbrunner hat sich in jene Jahre akribisch eingearbeitet. „Die Ziege war bei den Ostendlern – also den Bewohnern der Vorstädte wie Haidhausen, der Au und Giesing – ein beliebtes Haustier, weil sie hinsichtlich des Futters so genügsam war. Schließlich hatten ja die Menschen für sich kaum genug, da konnten sie nicht zusätzlich viele Tiere ernähren."

Doch die Ziegen bewährten sich, vor allem in den Jahren nach 1836 und 1854, als die Cholera in München gewütet und mehrere Tausend

Einwohner dahingerafft hatte. „Damals standen die Kühe im Verdacht, Krankheitserreger zu beherbergen und verseucht zu sein", erklärt Hartbrunner. Es sei auch das Gerücht herumgegangen, Kuhmilch könne schwere Durchfälle verursachen. „Wer es sich in München leisten konnte, verzichtete darauf und trank lieber Ziegenmilch." Hinzu kamen in der zweiten Hälfte des 19. Jahrhunderts so genannte „Milch- und Molkekuren", die den Ruf hatten, gegen Tuberkulose zu helfen, und deswegen bei der gesundheitsbewussten Bevölkerung hoch im Kurs standen.

Vater, Mutter, Kind: Die Ziegenfamilie aus Bronze ist ihren natürlichen Vorbildern detailgetreu nachgearbeitet.

Max von Pettenkofer (1818-1901), der erste deutsche Hygieniker, war einer der Urheber dieses Trends. Er war der Ansicht, dass Epidemien wie die Cholera durch bessere Hygiene und gesünderes Essen hätten verhindert werden können. Er sorgte mit seinen Erkenntnissen nicht nur dafür, dass München eine Kanalisation und eine zentrale Versorgung mit Trinkwasser erhielt. Er veranlasste auch, dass die mehr als 800 Schlachtereien zusammengefasst wurden und dass die Münchner begannen, sich mehr mit ihren Lebensumständen und ihrer Ernährung zu beschäftigen.

Letzteres kam unter anderem den Haidhauser Familien mit Ziegen zupass. Um 1860 trieben die Frauen drei Mal pro Woche ihre Tiere über die Maximiliansbrücke auf den Viktualienmarkt und banden sie am Freibank-Eck an, um sie zu melken. An dieser Stelle auf dem Markt, bei der heutigen Blumenstraße, wurde eigentlich zwar minderwertiges, aber nicht gesundheitsschädliches Fleisch verkauft. Doch innerhalb kurzer Zeit etablierte sich hier der einzige überlieferte Ziegenmilchmarkt des Landes. Die Kunden warteten in Scharen darauf, etwas abzubekommen. Wie ein zeitgenössischer Stich aus dem Jahr 1885 zeigt, waren darunter auch viele vornehm gekleidete und demnach gut betuchte Münchner, die sich ihr Glas Milch sichern wollten. Rudolf Hartbrunner hat einen Zeitungsartikel aus dem Jahr 1893 gefunden, in dem es unter dem Titel

„Kuranstalt" heißt: „Knapp an der nördlichen Schrannenhalle stellen sich frühmorgens einige Frauen mit etwa zwei Dutzend Ziegen ein und verzapfen brühwarme Ziegenmilch an die leidende Menschheit." 16 Reichspfennige kostete ein Glas Gesundheit.

Weil sich keiner der anwesenden Kunden sein Glas Ziegenmilch entgehen lassen wollte, war das Drängen und Schubsen am Freibankeck durchaus groß. „Sogar die Gendarmen mussten regelmäßig eingreifen und für Ordnung sorgen", sagt Rudolf Hartbrunner. Besonders Mütter von Kleinkindern hätten die Ziegenmilch als Nahrungsmittel gelobt. „Die Erfolgsgeschichte beruht zum Teil auch auf dem uralten Glauben, dass in allen Teilen des Ziegenkörpers Heilmittel steckten, die Wunder bewirken könnten", erklärt er.

Immerhin soll es der griechische Arzt Hippokrates (460-375 v. Chr.) gewesen sein, der als erster die Ziegenmilch als Heilmittel benutzte. Er bezeichnete sie als Lebenselixier und war der Überzeugung, dass sie ihn kräftige, seine Verdauung fördere und sein Leben verlängere. Zu seinen Nachahmern gehörten unter anderem die Äbtissin und Heilerin Hildegard von Bingen (1098-1179) und der Arzt Paracelsus (1493-1541). Im 18. und 19. Jahrhundert verordneten dann auch die Kurärzte in Wildbad Kreuth ihren Patienten tägliche Kuren mit Ziegenmolke. Diese Entwicklung ging an der gut informierten und gesundheitsbewussten Oberschicht im 60 Kilometer entfernten München nicht spurlos vorbei und bescherte vielen Haidhauser Familien ein zuverlässiges Einkommen.

Bis zum Beginn des Ersten Weltkriegs ist der Münchner Ziegenmilchmarkt am Freibankeck des Viktualienmarkts überliefert. Danach verliert sich seine Spur. Doch die Ziege, der Bock und das Zicklein erinnern noch heute daran, welche Rolle die Tiere einst in der Wirtschaftsgeschichte der Vorstädte spielten.

Heike Thissen

So geht's zur Ziegenfamilie:

Die Ziegenfamilie steht im Hof der Preysingstraße 62.

DELI
Occamstraße
EPSON
TRUMPF ODER KRITISCH
SCHWABING
Leuchtet

16

Verbogene Laterne

Hommage an die Schwabinger Gisela

Diese Laterne hat einen Knick! Und zwar einen gewaltigen! Ob hier wohl ein Autofahrer rückwärts gefahren ist, ohne über die Schulter nach hinten zu gucken? Oder ob jemand einfach einmal kräftig gegen den Laternenpfahl getreten und ihn damit verbogen hat? Und: Warum repariert das denn keiner?

„Dass der Mast dieser Laterne verbogen ist, hat einen ganz einfachen Grund", erklärt Galerist Wolfgang Roucka. Einst stand die Laterne mitten im Nachtclub „Bei Gisela", betrieben von der passionierten Wirtin gleichen Namens, die als „Schwabinger Gisela" in die Geschichte des Stadtteils einging. Diese Laterne spielte im Kneipenleben Schwabings eine wichtige Rolle, weil Gisela abends gern Lieder zum Besten gab und dabei um sie herumtanzte. 1960 kaufte Gisela für ihr Lokal eine neue Lautsprecheranlage. Aber als diese installiert werden sollte, stellte sich heraus, dass die Laterne im Weg stand. Von dem guten Stück trennen wollte sich die Wirtin auf keinen Fall. Also kam einer der Mitarbeiter des zuständigen Ingenieurbüros für Apparate- und Lautsprecherbau Heckl auf die Idee, den Masten so hinzubiegen, dass die Lautsprecheranlage daran vorbeipasste. Er lieh sich aus der benachbarten Spenglerei ein Schweißgerät und bearbeitete die Laterne damit so lange, bis sie kein Hindernis mehr darstellte. Die Lautsprecheranlage passte nun und die Gisela konnte ihre Laterne behalten.

Gisela Dialer-Jonas, 1929 in Moers am Rhein geboren und 2014 in München gestorben, kam 1949 in die Weltstadt mit Herz und eröffnete drei Jahre später als jüngste Wirtin Deutschlands ihre Kneipe in der Occamstraße 8. Dabei stand sie nicht nur hinter der Theke, sondern trat auch als Chansonsängerin auf, wobei sie gern die Laterne in ihre Darbietungen mit einbezog. Jeden Abend stand sie auf der kleinen Bühne und gab mit ihrer dunklen, verruchten

Auf Tanzen an der Laterne, wie es die Schwabinger Gisela tat, verzichtet Wolfgang Roucka lieber.

Stimme oft frivole Lieder zum Besten – oder das, was in den 1950er- und 1960er-Jahren als frivol galt. „Fremder Mann, sprich mich an, aber frag nicht warum, warum mir die Wahl manches Mal schon egal. Ob du geistreich und krumm oder schön, aber dumm – heute Nacht ist auch das einerlei", ist nur einer von vielen Liedtexten. Ein anderes Chanson, das sie allabendlich zur Unterhaltung beisteuerte, war der „Novak", allerdings immer nur die erste Strophe. „Ob angezogen oder als ein Nackter, der Novak hat am ganzen Leib Charakter", heißt es darin. Ihre Gäste nahmen das hin, sie fühlten sich wohl bei der „gebildeten Dame mit stark unzüchtigem Charakter", wie sie sich später in ihrer Biografie bezeichnete. Politiker wie Franz-Josef Strauß (1915-1988) gehörten dazu, aber auch Literaten und Schauspieler wie Erich Kästner (1899-1974) und Kirk Douglas (geb. 1916) schauten gern vorbei. Gisela war eine Schwabinger Institution.

„Dass der Mast dieser Laterne verbogen ist, hat einen ganz einfachen Grund."

Doch wie landete nun ihre Laterne auf dem Wedekindplatz? Es ist Wolfgang Roucka zu verdanken, dass sie die Jahrzehnte überdauert hat – mitsamt ihrem Knick. Der Schwabinger bewahrte sie 20 Jahre lang in seiner Galerie auf und träumte mit seiner guten Freundin Gisela davon, dem geliebten Requisit eines Tages einen prominenteren Standort zu verschaffen. Den Umzug der verbogenen Laterne auf den Wedekindplatz im Sommer 2015 erlebte die Wirtin zwar nicht mehr. Doch die Erinnerung an sie und ihre Bedeutung für Schwabing lebt weiter.

Heike Thissen

So geht's zur verbogenen Laterne:

Die verbogene Laterne, die einst im Lokal der Schwabinger Gisela stand, ist heute auf dem Wedekindplatz zu finden.

Dr. Gudrun Szczepanek weiß, woher der Straßenname stammt.

17

Straßenschild

Wo einst feines Porzellan entstand

„Heute erinnert nur noch der Straßenname an das ehemalige Schloss Neudeck“, sagt Dr. Gudrun Szczepanek. Wobei man sich ja nur an etwas erinnern könne, von dem man noch weiß. Und viele, die an dem Straßenschild vorbeigehen, können mit dem Namen nichts anfangen. Gerne möchte Gudrun Szczepanek der Erinnerung auf die Sprünge helfen. Die Kunsthistorikerin kennt die Geschichte des Straßennamens, der im weitesten Sinne mit Schloss Nymphenburg zusammenhängt. Dort ist sie als Referentin des Marstall-Museums auch zuständig für die Nymphenburger Porzellansammlung Bäuml.

„Neudeck war ein Jagdschloss, das am Auer Mühlenbach unterhalb des Nockherbergs stand", erzählt die Kunsthistorikerin. Der bayerische Herzog Wilhelm IV. (1493-1550) ließ es im frühen 16. Jahrhundert erbauen. Unter seinem Sohn Herzog Albrecht V. (1528-1579) wurde eine Gartenanlage geschaffen, die auch den steilen Berghang des Nockherbergs mit einbezog. Herzog Wilhelm V. (1548-1626) erweiterte die Anlage zu einem Lustgarten mit Laubengängen und Wasserspielen. Hinzu kamen eine Falknerei und die Hoffischerei. Nachdem er 1597 abgedankt hatte, verbrachte der Herzog hier die Sommermonate. Nach seinem Tod 1626 entsprach das einfache Schlösschen nicht mehr dem zeitgemäßen Repräsentationsbedürfnis der bayerischen Kurfürsten. Sechzig Jahre später ließ der junge Kurfürst Max Emanuel (1662-1726) im Kontext der barocken Gartenanlage von Schloss Schleißheim ein neues, repräsentatives Jagdschloss bauen. Mit dem Bau von Schloss Lustheim, einem architektonischen Juwel, schien das kleine Schloss Neudeck endgültig zu verfallen.

Die Porzellanfigur „Leda" befindet sich heute in der Nymphenburger Porzellansammlung Bäuml im Marstallmuseum.

Bis hier eine Porzellanmanufaktur einzog: „Schon um 1729 hat Kurfürst Karl Albrecht, der von 1726 bis 1745 regierte und sich seit 1742 als römischer Kaiser Karl VII. nannte, Versuche unternommen, dem Geheimnis der Porzellanherstellung auf die Spur zu kommen", erzählt Gudrun Szczepanek. „Da man in Meißen und Wien bereits Porzellan fertigen konnte, wollte der Kurfürst natürlich auch gerne eine Porzellanmanufaktur haben. Einerseits um seinen eigenen Bedarf zu decken, andererseits war das auch ein Wirtschaftsfaktor. Eine Porzellanmanufaktur hat ja auch Geld gebracht." Doch die Idee des Kurfürsten ging nicht auf: „Es waren damals viele Scharlatane unterwegs, die behaupteten, dass sie das Geheimnis der Porzellanherstellung kennen würden." Karl Albrechts Sohn, Kurfürst Max III. Joseph (1727-1777), nahm die Sache erneut in die Hand. Anlass war 1747 seine Hochzeit mit der sächsischen Prinzessin Maria Anna Sophie (1728-1797). „Sie war eine Enkelin von August dem Starken, dem Gründer der Meissner Porzellanmanufaktur, und ist natürlich mit Porzellan groß geworden."

Max III. Joseph habe bei seinem Regierungsantritt 1745 „ein ziemlich runtergewirtschaftetes Bayern übernommen", erläutert Gudrun Szczepanek. „Sein Vater hatte viel Geld in sein Kaisertum gesteckt. Max III. Joseph musste erst mal Sparpolitik betreiben, um den Haushalt zu sanieren. Im Zuge der Sparpolitik hat er Manufakturen und Fabrikgründungen gefördert, zum Beispiel eine Tuch- und Seidenfabrik, und damit auch Arbeitsplätze geschaffen. „Wirtschaftsförderung war ganz modern gedacht. Also Merkantilismus", kommentiert die Kunsthistorikerin. Und nun fand auch das Jagdschloss Neudeck wieder eine Verwendung: nämlich als Standort der neu gegründeten kurfürstlichen „Porceleine-Fabrique".

Die Lage war günstig, stand doch ein wasserreicher Bach zur Verfügung, der ein Pochwerk, Masse- und Glasurmühlen sowie Drehscheiben antreiben konnte. Das notwendige Holz für die Brennöfen sollte auf Flößen über die Isar herbeigeschafft werden. Sofort wurde mit dem Umbau begonnen. Im zentralen Schlossgebäude, „Grünes Haus" genannt, befanden sich die Wohnungen der Fabrikanten, vor allem jedoch die Werkstätten der Dreher, Bossierer und Maler. Im Erdgeschoss wurden das Glasurzimmer und die Schlemmstube eingerichtet. Das kleine Nebengebäude, das sogenannte „Salettl" (kleiner Saal) sollte als Lagerraum für das fertige Porzellan dienen. 1748 wurden ein großes und ein kleines Brennhaus gebaut. Alles war bestens vorbereitet, sodass die Porzellanherstellung noch im selben Jahr starten konnte. Allerdings fehlte es am Wichtigsten: dem Arkanum, also dem Geheimnis der richtigen Porzellanmasse. 1749 gelang es wohl erstmals, Porzellan herzustellen, doch war die Qualität schlecht, und es gab jede Menge Fehlbrände. Ein Jahr später verfügte der Kurfürst daher, dass die letzten Löhne ausbezahlt werden sollten. Damit war nach kaum drei Jahren das Ende der ersten Porzellanmanufaktur gekommen.

1751 kam Sigmund Ferdinand Graf von Haimhausen (1708-1793) nach München, den der Kurfürst noch im selben Jahr zum Obrist-Münzmeister und Ober-Bergbaudirektor ernannte. In dieser Funktion war er zuständig für das Bergwesen in Bayern, wobei auch die Porzellanherstellung zu seinem Aufgabengebiet gehörte. Sein wissenschaftliches Interesse mag ihn bewogen haben, die Manufaktur ab 1752 privat zu finanzieren. Mit der Berufung des Arkanisten Joseph Jakob Ringler (1730-1804) gelang es 1753 erstmals auch in Schloss Neudeck, qualitätsvolles Porzellan herzustellen. Ein großer Glücksfall für die noch junge Manufaktur war bald darauf die Einstellung von Franz Anton Bustelli (um 1720/30-1763) als Modellmeister. In nur wenigen Jahren schuf er bezaubernde Figuren und Gruppen, die einst die barocke Tafel zur Bühne machten. Nur wenige seiner Figuren tragen die Ritzmarke „FB". Dazu gehört die „Leda" aus der Commedia Dell' Arte, die sich heute in der Nymphenburger Porzellansammlung Bäuml im Marstallmuseum von Schloss Nymphenburg befindet. Diese Porzellanfigur entstand noch in Schloss Neudeck.

Doch so qualitativ die Porzellanherstellung unter Bustelli auch war: „Es gab immer wieder Streit mit den Gästen der benachbarten Brauerei", schildert Szczepanek, „bis die Manufaktur 1761 nach Schloss Nymphenburg ins nördliche Rondell verlegt wurde." Dort gab es keine Nachbarn, die sich beschweren würden, und ein Bach, der die Maschinen antreiben konnte, war vorhanden. „Danach blieb Schloss Neudeck ungenutzt, das Jagdschloss verfiel nach dem Auszug der Werkstätten. Teile des Gartens wurden an die Paulaner gegeben. 1905 riss man das Jagdschloss ab." Der unter die Erde verlegte Bach wurde erst vor wenigen Jahren wieder freigelegt und das Gelände neu gestaltet. Heute verweist nur noch das Straßenschild auf die Geschichte dieses Ortes.

Den Begriff „Schloss Neudeck" kennen heute die wenigsten Münchner. Aber von der Straße „Am Neudeck" haben einige immerhin schon mal gehört, auch wenn sie nicht besonders lang ist.

Eva-Maria Bast

So geht's zum Straßenschild:

Die Straße Am Neudeck verläuft in Verlängerung zum Mariahilfplatz in der Nähe des Landratsamtes und führt auf den Auer Mühlbach zu.

Für Christopher Weidner gehört der Grabstein des U-Boot-Konstrukteurs Wilhelm Bauer zu den schönsten auf dem Alten Nordfriedhof.

18

U-Boot-Gravur

Der Traum vom perfekten Hinterhalt

Der bayerische Artillerie-Unteroffizier Wilhelm Bauer (1822-1875) steht am Ufer der Kieler Förde und ärgert sich. Der Schleswig-Holsteinische Krieg (1848-1851) ist in vollem Gange. Der Deutsche Bund, auf dessen Seite er kämpft, unterstützt die deutschgesinnten Schleswig-Holsteiner. Sie wollen die beiden Herzogtümer Schleswig, ein dänisches Lehen, und Holstein, das zum Deutschen Bund gehört, jedoch durch Personalunion mit Dänemark verbunden ist, einnehmen. Seit 1460, seit dem Vertrag von Ripen, gilt nämlich, dass diese beiden Herzogtümer „up ewich ungedeelt" (auf ewig ungeteilt) sein sollen. Und seit Kurzem gibt es Bestrebungen in Dänemark, diese Sonderstellung Schleswigs durch eine neue Verfassung zu beseitigen. Das ruft auch die Mitglieder des Deutschen Bundes auf den Plan, der jedoch zur Zeit aufgrund der Märzrevolutionen in seinen Mitgliedsstaaten gerade handlungsunfähig ist. Als die Verfassungsgebende Nationalversammlung schließlich am 18. Mai 1848 zusammentritt, erhält Preußen den Auftrag, Dänemark militärisch entgegenzutreten. In diesem Rahmen befindet sich Wilhelm Bauer als Artillerie-Unteroffizier des bayerischen Hilfskorps am Kieler Fördestrand: Er soll die feindlichen Truppen mit gezielten Kanonenschüssen zurückdrängen, aber er trifft – wenn überhaupt – nur sporadisch sein Ziel. Wie wäre es, fragt sich der junge Mann, wenn man sich völlig unbemerkt dem Feind nähern und ihn überraschend attackieren könnte? Da hat der gelernte Drechsler mitten im Kriegstreiben von 1848 eine Idee, die noch heute bildlich auf dem Alten Nordfriedhof dargestellt ist: ein eigenartig anmutendes Unterseeboot. Während die Schleswig-Holsteinische Erhebung in der Folge zusammenbricht, arbeitet Bauer zielstrebig weiter an der Umsetzung seiner Idee.

Ein stilisiertes U-Boot erinnert an die Erfindung von Wilhelm Bauer.

„Für mich ist das einer der schönsten Grabsteine auf dem ganzen Alten Nördlichen Friedhof", sagt Gästeführer Christopher Weidner mit Blick auf Bauers letzte Ruhestätte in München. „Wilhelm Bauer hat das erste deutsche U-Boot erfunden, das ungefähr so aussah wie das auf seinem Grabstein." Der Tüftler nannte seine Konstruktion „Brandtaucher". Sie sollte es einer Besatzung ermöglichen, sich unter Wasser unbemerkt dem Feind zu nähern und mithilfe von Greifarmen auf Schiffen oder in Hafenanlagen Feuer zu legen. „Wegen seines Aussehens wurde es auch als eiserner Seehund bezeichnet", führt der Stadtführer weiter aus. Und das kam nicht von ungefähr: Bauer hatte zunächst Fische und Seehunde ganz genau beobachtet, um Ideen für seine Erfindung zu sammeln. Seine Skizzen zeigen im Inneren des U-Boots mittig zwei große Treträder, die per Zahnrad eine Propellerschraube antreiben sollten.

Der erste Brandtaucher entstand 1850 in Kiel und absolvierte mehrere Tauchfahrten. „Doch bei der ersten richtigen Testfahrt am 1. Februar 1851 sank das U-Boot in der Kieler Förde auf den Grund, Bauer und seine Mannschaft konnten sich nur in allerletzter Sekunde retten", erklärt

Christopher Weidner. Mehr als sechs Stunden hat die Besatzung dafür am Grund ausgeharrt und auf den Druckausgleich gewartet. Das U-Boot blieb im Schlick liegen und wurde 37 Jahre später wieder gefunden.

„Bauers Idee war nicht ganz neu", räumt Christopher Weidner ein. Schon im 17. Jahrhundert sollen erste tauchfähige Boote gebaut worden sein. 1800 hatte der US-Amerikaner Robert Fulton (1765-1815) das erste Unterseeboot namens „Nautilus" erfolgreich getestet. „Davon wusste Bauer wohl nichts, als er den Brandtaucher konstruierte", vermutet Weidner. Auch nach dem Desaster mit dem eisernen Seehund gab der ehrgeizige Erfinder nicht auf. Er konstruierte in Russland ein weiteres U-Boot, das er „Seeteufel" nannte. Im Gegensatz zu seinem Vorgänger tauchte es 133 Mal erfolgreich, bevor es wegen eines Bedienungsfehlers auf Grund sank.

„Wilhelm Bauer hat das erste deutsche U-Boot erfunden, das ungefähr so aussah wie das auf seinem Grabstein."

War also alles umsonst? Christopher Weidner ist da anderer Ansicht: „Auch wenn er mit seinen eigenen Konstruktionen nicht so erfolgreich war, folgen die U-Boote von heute noch immer dem Prinzip, das sich Bauer für den Brandtaucher und den Seeteufel überlegt hatte." Er war zu seinen Lebzeiten vielleicht ein verkanntes Genie, aber schlussendlich doch ein wichtiger Wegbereiter. Denn auch im 21. Jahrhundert funktionieren Unterseebote so, dass sie aufgrund von speziellen Tauchzellen oder Tauchtanks, in denen sich als Ballast Wasser veränderlicher Menge befindet, schwimmen, schweben, sinken oder steigen können. Sie sehen inzwischen nur ganz anders aus als das U-Boot auf Wilhelm Bauers Grabstein.

Heike Thissen

So geht's zur U-Boot-Gravur:

Das Grab von Wilhelm Bauer mit der verwitterten Darstellung des Unterseeboots befindet sich auf dem Alten Nordfriedhof in der Arcisstraße im Gräberfeld 2.

132
B1.32

Tür 132

Diese Kirche steht immer offen

Von außen betrachtet unterscheidet sich die Tür mit dem handgemalten Schild *132* in nichts von all den anderen Hunderten von Türen in der Frauenklinik an der Maistraße. Doch wer sie öffnet, betritt eine andere Welt. Denn hinter dem Zugang, der nie verschlossen ist, verbirgt sich kein Zweibettzimmer und auch kein Kreißsaal, sondern die katholische Kirche. Diese kennt kaum jemand, dabei ist das Gotteshaus der Öffentlichkeit frei zugänglich und besticht mit einer ganz besonderen Atmosphäre – vor allem dann, wenn Anette Spieldiener gerade an der Orgel sitzt und eine Melodie erklingen lässt.

„Diese Kirche ist einer meiner liebsten und geheimnisvollsten Orte in München", sagt die Gästeführerin und Kirchenmusikerin. Geradezu magisch sei die Atmosphäre, wenn die Sonne durch die neobarocken Fenster ins Innere scheine, ergänzt ihr Kollege Michael Weiser. „Das war schon von Anfang an so." Zur Einweihung im Januar 1917 sei ein Zeitungsartikel erschienen, in dem zu lesen stand: „Was für ein mildes Licht schenken sie uns jenseits der grellen Kriegsnachrichten." Und damit nennt der Autor von damals genau den Widerspruch, der das Gebäude in der Maistraße anfangs begleitet hat.

Denn als die Klinik am 18. Dezember 1916 in Anwesenheit von König Ludwig III. (1845-1921) und seiner Frau Marie Therese (1849-1919) eröffnet wurde, war der Erste Weltkrieg gerade in vollem Gange. Direktor Albert Döderlein (1860-1941) nahm in seiner Rede zur Eröffnung direkt darauf Bezug: „Diese bei aller Bescheidenheit gewiß berechtigte, befreiende Empfindung leidet freilich wie alles in unseren Tagen unter dem Druck des ungeheuerlichen Weltkrieges", sagte er über die zwiespältige Freude zur Eröffnung. „Daß es trotzdem gelungen ist, noch innerhalb des Krieges ein so großes Unternehmen durchzuführen, darf als ein erfreuliches Zeichen dafür angesehen werden, daß es unseren Feinden bisher noch

Anette Spieldiener und Michael Weiser wissen: Die Tür mit der Nummer 132 der Frauenklinik in der Maistraße steht Besuchern jederzeit offen..

nicht gelungen ist und nie gelingen wird, unseren Handel und Wandel niederzubrechen."

Einen Tag nach Döderleins Ansprache sollte die Schlacht von Verdun enden und damit das schrecklichste Ereignis des gesamten Weltkriegs, das mehr als 300.000 Menschen das Leben kostete. „Das ist schon bitter, dass dieses Haus eigentlich für den Beginn des Lebens gebaut wurde, in der angeschlossenen Hebammenschule in den ersten Jahren aber vor allem Kriegsverletzte behandelt wurden", überlegt Michael Weiser. In den Bänken der kleinen katholischen Kirche saßen zunächst mehr verwundete Soldaten als junge Mütter. „Das erkennt man an mehreren Stellen. Zum Beispiel an der Figur des heiligen Sebastian, zu dessen Füßen ein zeitgenössischer Stahlhelm liegt und der auf seiner Rückseite mit den Jahreszahlen 1914 und 1918 direkt Bezug auf den Weltkrieg nimmt", sagt Anette Spieldiener. Eine Statue der heiligen Elisabeth von Thüringen (1207-1231) trägt in ihrem Korb Verbandszeug mit sich. Dabei wird sie sonst oft mit einem Blumenkorb dargestellt als Zeichen für das Wunder, bei dem sie Brot in Rosen verwandelte. Damit sei die Kirche auch ein Raum der Erinnerung an die Kämpfe und die Menschen, die in ihnen verwundet und getötet wurden, erklärt die Gästeführerin.

„Was für ein mildes Licht schenken sie uns jenseits der grellen Kriegsnachrichten."

100 Jahre später ist die Kirche ein Ort der Ruhe, ein Rückzugsort mitten in der Stadt, nicht nur für die Patientinnen. Damit passt sie hervorragend in das Klinikensemble. „An der wertvollen Gestaltung der Kirche und der durchdachten Architektur der ganzen Klinik merkt man deutlich, dass hier bei der Genesung von Anfang an Wert auf einen ganzheitlichen Ansatz gelegt wurde", beschreibt Anette Spieldiener das Gelände. So ist im Sommer, wenn die Fenster im Gotteshaus geöffnet sind, von draußen das beruhigende Plätschern eines Brunnens zu hören. Dieser steht inmitten des Gartenhofs und schafft eine friedliche Idylle. „Seele der ganzen Bauanlage" hatte Architekt Theodor Kollmann (1873-1965) die 4000 Quadratmeter große grüne Anlage mit der Atmosphäre eines Klostergartens einst genannt. Kein Wunder, dass die Klinik zur Zeit ihrer Eröffnung als die schönste Frauenklinik der Welt galt.

Prinzregent Luitpold (1821-1912) regierte noch, als 1907 der Gynäkologe Albert Döderlein (1860-1941) an der damaligen Frauenklinik in der Sonnenstraße, die unter dem Namen „Gebäranstalt" firmierte, feststellte, dass das Haus klein, veraltet und unhygienisch sei und eine neue Klinik hermüsse. Döderlein, der München später in Sachen Frauenheilkunde zu weltweitem Ruf verhelfen sollte, musste mit seinem Umzug nach Berlin drohen, bevor sich Luitpold zu einem Neubau überreden ließ. Mit 3,1 Millionen Goldmark wurde der Bau veranschlagt. Die Bauarbeiten begannen 1913 und dauerten drei Jahre, in denen die Welt durch den Krieg aus den Angeln geriet. Als Erbauer und Förderer des Baus von Klinik und Hebammenschule gilt jedoch nicht Luitpold, sondern sein Sohn König Ludwig III. (1845-1921) und vor allem dessen Frau. Marie Therese (1849-1919) engagierte sich zeitlebens sozial, kümmerte sich dabei vor allem um Frauen und Kinder und sprach sich für das neue Krankenhaus aus.

Handgemalte Holzschilder bezeichnen alle Türen im Haus – auch die der Kirche.

Beide waren persönlich anwesend, als die „Königliche Universitätsfrauenklinik und Hebammenschule" eröffnet wurde. Mehr als 200.000 Kinder wurden in den darauffolgenden 100 Jahren dort geboren. Anfangs waren es vor allem ledige Frauen ohne Mann und Geld, die hier mit ihren Säuglingen lagen. Denn wer es sich leisten konnte, gebar seine Kinder zuhause. Das änderte sich mit dem guten Ruf der neuen Klinik, der schon bald in München die Runde machte. Die Schwangeren waren ebenso begeistert wie die Studenten. Denn für sie gab es in dem Lehrkrankenhaus der Universität einen großen Hörsaal im Jugendstil, in dem bis zu 600 angehende Mediziner nicht nur Geburten live miterleben, sondern auch Operationen beiwohnen konnten. „Meine Vermutung ist, dass sich Hör-

Idylle pur: Der Blick aus dem Innenhof der Frauenklinik auf die Kirche.

saal und Kirche deshalb so grundlegend in ihrem Baustil unterscheiden, weil der Hörsaal mit den Studenten sich Richtung Zukunft orientieren sollte. Also ist er im Stil der damaligen Zeit, dem Jugendstil, gebaut. Die Kirche als Ort des Rückzugs und der Rückbesinnung ist verankert in der Vergangenheit und ist deshalb im Neobarock gehalten", überlegt Anette Spieldiener. Regelmäßig sitzt die Kirchenmusikerin an der Orgel aus dem Jahr 1916, die beide Weltkriege unbeschadet überstanden hat, und sorgt mit ihrem Spiel für eine andächtige und meditative Stimmung in dem Gotteshaus.
Mehr als 100 Jahre ist die Kirche in der Frauenklinik nun schon Ort des Dankes, der Hoffnung und des Trostes – für die Katholiken. Doch auch für die Protestanten gab es in der Klinik von Beginn an einen Gebetsraum, obwohl Anfang des 20. Jahrhunderts lediglich 15 Prozent der Bevölkerung der evangelischen Kirche angehörten. Ihre Kapelle liegt genau gegenüber. Sie ist wesentlich kleiner und schmuckloser als das katholische Gotteshaus, aber doch ein Ort, an dem die Anwesenden ihre Gebete sprechen oder ihren Gedanken nachhängen können. Und auch dieser besinnliche Raum trägt eine handgemalte Nummer über der Tür. Es ist die *131*.

Heike Thissen

So geht's zur Tür 132:

Zur Tür 132 gelangt man, indem man durch den Innenhof der Frauenklinik in der Maistraße 11 auf den Kirchturm zugeht und dort rechterhand das Treppenhaus in den ersten Stock nimmt. Dienstags um 17.30 Uhr findet in der Kirche ein Gottesdienst statt, dann ertönt auch die Orgel von 1916.

Rainer Blumer besucht den Schrein der heiligen Munditia gern.

20

Munditia

Eine weit gereiste Reliquie

Reich geschmückt und prachtvoll liegt sie dort, die heilige Munditia im Alten Peter. Ihre Reliquien ruhen in einem Schrein, der 1677 gefertigt wurde. Rainer Blumer kommt gern hierher, um sie zu besuchen – nicht, um zu ihr zu beten, denn Munditia ist die Patronin der alleinstehenden Frauen und zu denen gehört Rainer Blumer so gar nicht. Nein, der Mitarbeiter der Stadtverwaltung und passionierte Gästeführer kommt, weil ihn die Geschichte der Heiligen fasziniert. Munditia hat eine lange Reise hinter sich: „Das ist eine sogenannte Katakombenheilige", erzählt Rainer Blumer. „In der Gegenreformation, im letzten Viertel des 16. Jahrhunderts, wurde der Wunsch der Christen stärker, etwas von ihren Heiligen zu sehen zu bekommen. In dieser Zeit sind viele frühchristliche Märtyrer aus den Katakomben geborgen und als Heilige verehrt worden." In zahlreichen Kirchen hätten diese Reliquien reich geschmückt und hochverehrt Einzug gehalten.

Auch die Reliquien der heiligen Munditia kamen so nach München, allerdings erst Ende des 17. Jahrhunderts: 1675 wurde sie dem Ratsherrn Franz Benedikt Höger als Geschenk für München über-

Die reich geschmückten Reliquien der heiligen Munditia, geschützt durch eine Glasscheibe.

reicht. Bis dahin hatten ihre sterblichen Überreste in den Cyriaca-Katakomben in Rom gelegen. Bei den Gebeinen der Heiligen war ein Grabstein, die Inschrift lautet: *DDM MUNDICIE PROTOGENIE BENEMERENTI QUAE VIXIT ANNOS LX QUAE IBIT IN PACE XV KAL D.* Will heißen: Zum frommen Gedenken an Munditia Protogenia die Wohlverdiente. Sie lebte 60 Jahre und ging ein in den Frieden am 15. Tag vor den Kalenden des Dezembers. Die Kalenden (lateinisch Kalendae) waren im römischen Kalender der erste Tag eines Monats – Munditia starb demnach Mitte November, so ist ihr Gedenktag der 17. November. „Und dann sind da noch ein A, ein P und ein C", sagt Rainer Blumer. „Man vermutet, das steht für Ascia Plexa Capita, was bedeuten würde, dass sie mit dem Beil enthauptet wurde." Als Todesjahr wird das Jahr 310 angenommen.

In München beteten zur heiligen Munditia vor allem alleinstehende Frauen. „Also die Unverheirateten und Verwitweten", konkretisiert Blumer. „Diese Pfarrei ist für den südlichen Teil zuständig, auch für das Sendlinger Tor, und da haben die Hübschlerinnen gearbeitet, da war ja das erste Bordell", erzählt er. „Die sind ja auch alleinstehend."

So stolz Munditia in München einzog: In der Säkularisation wurde sie versteckt. „Man hat 1804 eine Holzverkleidung gebaut, um sie zu verbergen", erzählt der Mitarbeiter der Stadtverwaltung. Der Obrigkeit sei es ein Dorn im Auge gewesen, dass die Hübschlerinnen in großer Schar zu Munditia pilgerten. 1883 wurde die Verkleidung im Zuge der Kirchensanierung entfernt: Der 79-jährige Dornröschenschlaf war zu Ende.

Eva-Maria Bast

So geht's zu Munditia:

Die Heilige ruht in der Pfarrkirche St. Peter am Viktualienmarkt in der zweiten Nische auf der linken Seite.

Pssst! Dr. Roland Götz erinnert im ehemaligen Klosterhof an das Schweigen der Karmelitinnen, die ihr Leben weitgehend in Stille verbrachten.

21

Büste

Wo Maria Anna Lindmayr betete

Wer diesen idyllischen Hinterhof nicht kennt, wird ihn ohne Hilfe auch nicht finden. Dabei liegt er in unmittelbarer Nähe zur Innenstadt und steht jedem offen, der sich nach Ruhe mitten in der Hektik der Stadt sehnt. Vielleicht geht das Meditative, das er ausstrahlt, darauf zurück, dass dieser Ort einst der Hof des Münchner Karmelitinnenklosters war. Daran erinnert heute jedoch nichts mehr außer der steinernen Büste eines sehr entschlossen dreinblickenden Mannes mit langen Locken.

„Diese Büste war ursprünglich über dem großen Klostereingang in der Pacellistraße angebracht und zeigt den Klostergründer", erklärt Dr.

Roland Götz, Kirchenhistoriker im Archiv des Erzbistums München und Freising. Ende der 1970er-Jahre sei sie dann zur Neugestaltung des Innenhofs in der Arkade wieder aufgestellt worden. *MAXIMILIANUS PHILIPPUS UTRIUSQUE BAVARIAE DUX HUIUS MONASTERII FUNDATOR ANNO MDCCXIII* lautet ihre Inschrift, übersetzt: Maximilian Philipp, Herzog beider Bayern (Ober- und Niederbayern), Gründer dieses Klosters im Jahr 1713. „Damit ist Herzog Max Philipp von Bayern gemeint, der zu diesem Zeitpunkt allerdings bereits acht Jahre tot war", erklärt Götz. „Seine Stiftertätigkeit beruht vor allem darin, dass er testamentarisch eine große Summe für die Gründung eines Klosters hinterlassen hat." Doch bis es wirklich dazu kam, mussten erst drei Frauen tätig werden und sich hartnäckig für das Projekt einsetzen. Zum einen war das seine Witwe Mauritia Febronia (1652-1706), die sich wünschte, dass sein Wille in Form eines Karmelitinnenklosters umgesetzt werde. „Dieser Orden war ein besonders strenger. Im Grunde ging es dabei um ein Leben in Freundschaft mit Gott", sagt der Archivar. Um dieses Ziel zu erlangen, lebten die Karmelitinnen in strenger Klausur allein für Gebet und Betrachtung. Sie fasteten, schwiegen und übten Handarbeit aus. „Die Schwestern aßen und beteten zwar zusammen, blieben sonst aber eine jede für sich in ihrer Zelle", führt Roland Götz aus. Die Abkehr von der Außenwelt ging sogar so weit, dass die Fenster der Zellen alle auf den Innenhof zeigten, nicht nach außen.

Die Büste erinnert an den Gründer des einstigen Münchner Karmelitinnenklosters.

Die zweite Frau im Bunde war die Mystikerin und spätere Nonne Maria Anna Lindmayr (1657-1726). Sie hatte den Münchnern im Jahr 1704 vorausgesagt, dass sie von den kaiserlichen Truppen im Spanischen Erbfolgekrieg (1701-1714) verschont blieben, wenn sie eine Kirche zu Ehren der Heiligen Dreifaltigkeit errichteten (siehe Geheimnis 27). Nachdem alle drei Stände genau dieses gelobt hatten, wurde die Stadt weder belagert noch von der Pest heimgesucht. Maria Anna Lindmayr hatte mehrere Grundstücke in unmittelbarer Nähe der späteren Dreifaltigkeitskirche erworben, um dort ein Kloster zu gründen, und stellte sie zur Realisierung des letzten Willens von Max Philipp zur Verfügung. Und schließlich brachte sich auch noch die Kaiserin-Witwe Eleonora Magdalena (1655-1720) in die Sache mit ein und erklärte das Projekt zu dem ihren.

„Der Bau des Klosters begann im Herbst 1711“, berichtet Roland Götz. Das Gebäude wurde den Regeln der Karmelitinnen entsprechend sehr schlicht errichtet, sodass sich die Nonnen ganz und gar auf die Klausur konzentrieren konnten. „Die Trennung von der Außenwelt reichte dabei bis in die Gruft. Der Begräbnisraum für die Nonnen war nur vom Kloster her zugänglich“, erklärt der Archivar.

Die strengen Regeln galten auch für Maria Anna Lindmayr, die im Oktober 1711 in das gerade neu gegründete und von ihr maßgeblich unterstützte Karmelitinnenkloster aufgenommen wurde. Von da an verbrachte sie ihr Leben in den Klostermauern samt Innenhof, in dem damals natürlich noch nicht die Büste des Herzogs stand. Die Münchnerin gehörte wohl zu den besonders konsequenten Nonnen. Sie fastete, trug Stachelketten, fügte sich Rutenschläge zu oder schlief auf Brennnesseln, um Gott näherzukommen. Außerdem soll sie die Stigmata, die Wundmale Christi, getragen haben. Nach ihrem Tod am 6. Dezember 1726 setzten ihre Mitschwestern sie in der Gruft des Klosters bei. „Doch als die Einrichtung säkularisiert wurde, warfen Arbeiter, die das Gebäude räumen sollten, ihre Gebeine zusammen mit denen ihrer verstorbenen Mitschwestern in der Nacht des 21. Januar 1803 auf einen städtischen Müllwagen und verscharrten sie in einem Massengrab“, erzählt Roland Götz kopfschüttelnd.

Dass von Maria Anna Lindmayr nichts geblieben ist, was sich verehren ließe, bedauern viele Gläubige noch heute. Dass von dem Kloster, in dem sie lebte, mit dem Innenhof und den ihn umgebenden Gebäuden durchaus noch etwas übrig ist, wissen aber nur wenige.

Heike Thissen

So geht's zur Büste:

Der Eingang zum Hof des ehemaligen Karmelitinnenklosters liegt in der Rochusstraße. Auch über die Pacellipassage gelangt man zum Hof.

22

Alte Münze

Wunder aufbewahren und Münzen prägen

Es gibt in München einen Ort, der auf Grit Ranft eine ganz besondere Faszination ausübt: die Alte Münze. „Erstmal finde ich das Gebäude deshalb so beeindruckend, weil man von außen gar nicht ahnt, was für einen unglaublichen Innenhof es hat", sagt die Stadtführerin. „Wenn man dann aber hineingeht, kommt man aus dem Staunen gar nicht mehr heraus." Stimmt: Um den gepflasterten Innenhof zieht sich eine beeindruckende vierflügelige und dreigeschossige Architektur mit umlaufenden Laubengängen. „Heute ist das Landesamt für Denkmalpflege hier untergebracht und das passt so gut zum ursprünglichen Zweck, den der Bau vor ungefähr 450 Jahren erfüllen sollte", freut sich Grit Ranft.

„Die Alte Münze", beginnt sie zu erzählen, „wurde von 1563 bis 1567 von dem sehr kunstsinnigen und kunstinteressierten Herzog Albrecht V. gebaut, der dann auch ganz schnell den Beinamen *der Prächtige* bekam, weil er so viele Kunstschätze ansammelte. Und für diese Kunstschätze brauchte er natürlich eine Aufbewahrungsstätte." Als solche habe er das Haus bauen lassen, um hier seine „herzogliche Kunst- und Wunderkammer" unterzubringen: „Es ist eines der wenigen Renaissancegebäude, die noch in München erhalten sind", schildert Grit Ranft die architekturhistorische Bedeutung. Sie ist auch von der Art der Aufteilung des Hauses angetan: „Im Erdgeschoss befand sich der Marstall, also der herzogliche Pferdestall. Die Räume im Obergeschoss dienten der Unterbringung der Bediensteten und als Kunstkammer. Und da hat Herzog Albrecht alles gesammelt, was ihm in seinem Kunstverständnis wichtig war." Über 6000 Stücke waren schließlich Teil der herzoglichen Sammlung – auch sehr bedeutende Bilder, wie zum Beispiel die Alexanderschlacht von Albrecht Altdorfer (1480-1538), die heute in der Alten Pinakothek zu finden ist.

Zahlreiche Bücher habe die Galerie ebenfalls beherbergt. „Herzog Albrecht V. hat sogar Teile der Fugger-Bibliothek aus Augsburg auf-

Für Grit Ranft ist die „Alte Münze" ein ganz besonderer Ort.

gekauft", erzählt Grit Ranft. „Ebenso handgezeichnete Landkarten und Stadtmodelle, mit deren Fertigung er einen Kunstschreiner, Jakob Sandtner, beauftragt hatte. Die Stadtmodelle gab es nicht nur von München, sondern auch von den anderen bayerischen Residenzstädten wie Ingolstadt und Landshut. Die Modelle sind heute im Nationalmuseum zu sehen", sagt Grit Ranft. Sie schätzt vor allem das Modell von München sehr, weil es ihr hilft, für sich und ihre Gäste ein Bild des spätmittelalterlichen München zu entwerfen. „Man könnte sagen, dass Herzog Albrecht V. mit seinen Sammlungen den Grundstock für viele unserer Museen gelegt hat." Allerdings war seine „Kunst- und Wunderkammer" für die Öffentlichkeit nicht zugänglich, im Dreißigjährigen Krieg fiel dann 1632 ein großer Teil der Sammlung der Plünderung zum Opfer.

„Wenn man dann aber hineingeht, kommt man aus dem Staunen gar nicht mehr heraus."

Auch deshalb liebe sie die „Alte Münze", bekennt die Münchnerin: „Man geht vorbei und weiß eigentlich gar nicht, dass hier die Wiege vieler großer Münchner Museen steht." Doch warum heißt das Gebäude eigentlich Alte Münze? „Mit einer berühmten Münzsammlung von Herzog Albrecht hat das nichts zu tun", lacht Grit Ranft. „Diesen Namen erhielt das Haus durch die Folgenutzung unter König Max I." Nachdem Bayern 1806 Königreich geworden war, wurde hier die Münzprägeanstalt untergebracht. „In den ehemaligen Pferdeställen standen nun riesige Prägemaschinen. Und damit das alte, dreischiffige Gewölbe die damit einhergehenden Erschütterungen aushielt, wurden Stahlkonstruktionen eingezogen."

Mit der Gründung der Stadt München 1158 durch Heinrich den Löwen erhielt die *Stadt* das Münzrecht, das zunächst auf dem Schrannenplatz, heute Marienplatz, ausgeübt wurde. *Bayern* hatte dieses Recht, seit Pfalzgraf Otto von Wittelsbach 1180 das Herzogtum Bayern als Lehen erhalten hatte. Am Ende des 13. Jahrhunderts zog die Münchner Münzschmiede, nachdem sie wegen des Wertverfalls der Münzen von den Bürgern zerstört worden war, in einen Neubau an der Münzstraße. 1809 – Bayern war seit drei Jahren Königreich – wurde die Münzprägeanstalt in die „Alte Münze", also in dieses Alte

Marstallgebäude am Hofgraben und Pfisterbach verlegt. Als Zentrale Münze erhielt die neugeschaffene *moneta regia* die Bezeichnung Haupt Münzamt, welche sie nach Auflösung der anderen Münzen in Bayern beibehielt. „Diese Beschriftung kann man heute noch im neo-klassizistischen Giebel-Anbau des Gebäudes sehen", sagt Grit Ranft. Im 19. Jahrhundert wurde das Gebäude erweitert und modernisiert. Mit der Gründung des Deutschen Reichs 1871 ging die Münzhoheit auf selbiges über, jedoch wurde in München weiter geprägt – man erkennt die Münzen am Prägezeichen „D". Auch zur Einführung des Euro wurde in München produziert: 3,57 Milliarden Münzen! Seit 1986 befindet sich das Betriebsgebäude des Hauptmünzamts in der Zamdorferstraße.

Hier wurde der Grundstein für viele große Münchner Museen gelegt. Auch für das Nationalmuseum.

In dem Haus, das für die herzoglichen Wunder gebaut wurde, ist seitdem das Amt beheimatet, das sich um die architektonischen Wunder vergangener Zeiten kümmert. Grit Ranft hat Recht, wenn sie sagt, dass das eine ausgesprochen passende Nutzung ist. „Schließlich kümmert sich der Denkmalschutz um alle Schätze in Bayern – auch um diejenigen, für die Herzog Albrecht V. damals den Grundstein gelegt hat."

Eva-Maria Bast

So geht's zur Alten Münze:

Sie steht zwischen der Pfisterstraße (Pfisterstraße 1), der Falkenturmstraße, dem Hofgraben, Marienhof und Platzl. Der Arkadenhof ist öffentlich zugänglich.

Hofnarr
Prangerl
LASIKLAND
LEDER
FISCHER
LEDER
FISCHER
DEIC

23

Hofnarr Prangerl

Ein musikalischer Komiker

Als der berühmte französische Musiker eintraf, wurde er erst einmal eingesperrt – und zwar in eine kleine, dunkle Abstellkammer: Bei Hofe hatte nämlich Georg Pranger auf ihn gewartet, von den Münchnern liebevoll „Prangerl" genannt. Und der war seines Zeichens der letzte Hofnarr der Residenz. „Nachdem er den Besucher erfolgreich eingesperrt hatte, maskierte und schminkte er sich, sodass er dem Musikus ähnlich sah, und gab statt diesem im Hoftheater ein recht schräges und skurriles Konzert", erzählt Stadtführer Georg Reichlmayr schmunzelnd. „Nach rauschendem und höchst begeistertem Beifall kam der Schwindel auf und der Hof war blamiert. Möglicherweise war Prangerls Kritik an der Anbiederei des Münchner Hofes gegenüber Napoleon ausschlaggebend für diese Aktion." Über die Biographie des letzten Hofnarren wisse man nur recht wenig, bedauert der geschichtskundige Münchner. „Vermutlich wurde er 1745 in München geboren, ist hier zur Schule gegangen, war bürgerlich verheiratet und wohnte in der Nähe der Residenz." Außerdem soll er eher klein gewesen sein, gerne Reithosen und einen grauen Frack getragen und oft einen Hut aufgehabt haben.

Doch so dürftig die Informationen über sein Leben auch sind: Sehen können die Münchner ihren letzten Hofnarren jeden Tag – zumindest dann, wenn sie das Neuhauser Tor am Stachus passieren. Dort finden sich nämlich vier kleine Skulpturen von Persönlichkeiten, die im 19. Jahrhundert in Münchens Gesellschaft eine ganz besondere Rolle spielten. Neben dem Hofnarren sind das Briefausträger Johann Huber, genannt Finessen Sepperl, der gern Liebesbriefe transportierte (siehe Münchner Kalenderblätter), Hofkapellmeister Josef Sulzbeck, über den es allerdings wenig zu berichten gebe, wie Reichlmayr sagt, sowie

„Insbesondere sein virtuoses Geigenspiel ist durch mehrere Quellen dokumentiert."

Georg Reichlmayr weiß: Hofnarr Prangerl konnte gut Geige spielen!

Kutschermeister und Rennstallbesitzer Franz Xaver Krenkl (1780-1860), über den wir ab Seite 117 berichten. „Sicherlich war Pranger gut gebildet und ausgesprochen musikalisch", nimmt Georg Reichlmayr an. „Insbesondere sein virtuoses Geigenspiel ist durch mehrere Quellen dokumentiert. So taucht sein Name in der Liste der Mitglieder des kurfürstlichen Hoforchesters ab 1784 auf und wurde dort bis zu seinem Lebensende 1820 geführt." Und in der Marianischen Männerkongregation München werde er als „fürstlicher Musiker" gerühmt. Auch die Stammkneipe des Possenreißers kennt Georg Reichlmayr: Das war das „Raisonierhäusl" bei der Theatinerkirche. „Hier verbrachte er mit seinen Kneipenkumpanen die Abende damit, über die Tragik des Lebens zu raisonieren." Grund genug hatte er: „Er war spielsüchtig, dem Alkohol sehr zugeneigt und oft in Finanznöten."

Hofnarr Prangerl saß der Schalk buchstäblich im Nacken.

Unzählige Anekdoten habe der Volksmund ihm zugeschrieben, sagt Reichlmayr, längst seien hier die Grenzen zwischen Dichtung und Wahrheit verschwunden.

Hofnarr Prangerl schloss 1820 am 6. November 75-jährig für immer seine Augen. Wobei: Die steinernen Augen am Neuhauser Tor sind noch offen und beobachten mit einigem Spott die Konsumfreude der Münchner und ihrer Gäste.

Eva-Maria Bast

So geht's zu Hofnarr Prangerl:

Sein Konterfei hängt unübersehbar am Neuhauser Tor zum Stachus in der Neuhauser Straße. Wenn man vom Marienplatz aus kommt, ist es die erste Figur auf der linken Seite.

Für Martin Arz ist der Brunnen aus Mühlsteinen eine wichtige Erinnerung an die einstigen Stadtbäche und Mühlen in München.

24

Mühlsteinbrunnen

Was von den Mahlwerken geblieben ist

Es ist nicht viel geblieben von der jahrhundertealten Geschichte der Münchner Mühlen. Straßennamen wie „Gewürzmühlstraße", „Brudermühlstraße" oder „Westermühlstraße" und der versteckte Mühlsteinbrunnen in einem Hinterhof in der Isarvorstadt gehören zu den letzten Zeugen einer Ära, ohne die die bayerische Hauptstadt nicht wäre, was sie heute ist. Stadtführer Martin Arz steht an dem Brunnen und bedauert das sehr. „Dieses Relikt aus drei originalen Mühlsteinen kennt kaum jemand, der hier nicht wohnt. Die Erinnerung an die Mühlen ist beinahe ausgelöscht", sagt er. Das sei erstaunlich, wenn man bedenke, dass es im Stadtgebiet links der Isar zum Beispiel Ende des 14. Jahrhunderts 15 Mühlen gab. „Die waren für die Geschichte der Stadt sehr wichtig."

Mit den Mühlen an den Münchner Stadtbächen (siehe Geheimnis 47) mahlten die Müller nicht nur das Mehl für die Bevölkerung. Sie betrieben ab dem 12. Jahrhundert mittels Wasserkraft auch Hammerwerke zur Bearbeitung von Eisen, Papiermühlen und Mühlen zum Walken, Schleifen oder Sägen. „Die größten Mühlen in München waren die Westermühle an der Holzstraße und die Wagmühle im Lehel“, erklärt Arz.

Viele Jahrhunderte galt das so genannte Mühlenregal. Es besagte, dass die Mühlen den Landesherren und den Kirchen gehörten und neue erst nach Genehmigung durch diese gebaut werden durften. Die Mühlenrechte waren somit ein Privileg, über das die bayerischen Herzöge persönlich bestimmen konnten. Erst um 1849 war es auch bürgerlichen Personen möglich, eine eigene Mühle zu betreiben. Grund hierfür war die Säkularisation und das Grundentlastungsgesetz von 1848, das die Aufhebung der standes- und gutsherrlichen Gerichtsbarkeit regelte. Das war kurz bevor die meisten von ihnen wegen der fortschreitenden Industrialisierung ihren Betrieb ohnehin einstellen mussten. „Als neue Formen der Stromerzeugung möglich waren, waren die Mühlen mit ihrer Wasserkraft schnell überholt und die wenigsten Müller rüsteten ihre Mühle um. Somit verloren diese und auch die Stadtbäche immer mehr an Bedeutung“, hat Martin Arz über den Anfang vom Ende der Ära herausgefunden.

Die sechs Mühlen, die nach dem Zweiten Weltkrieg noch in Betrieb waren, wurden eine nach der anderen stillgelegt. Schuld daran seien unter anderem die Infrastrukturmaßnahmen für die Olympischen Spiele von 1972 gewesen, sagt der Stadtführer. „Die meisten der kleinen Bachläufe sind Ende der 1960er-/Anfang der 1970er-Jahre mit dem Bau der U-Bahn aufgefüllt worden.“ So ist nicht viel geblieben von den Mühlen. Selbst die Steine am Brunnen mussten aus der Hallertau „importiert“ werden.

Heike Thissen

So geht's zum Mühlsteinbrunnen:

Der Brunnen mit den Mühlsteinen steht im Hinterhof des Gebäudekomplexes Dreimühlenstraße 14.

Dr. Magdalena Bayreuther erklärt, was diese Säulen hinter den Glaswänden mit Pferden zu tun haben.

25

Stall-Säulen

Edle Reitpferde für den König

Zwischen den alten Säulen zu dinieren, ist ein besonderes Erlebnis, vor allem, wenn man ihre Geschichte kennt. Wie Dr. Magdalena Bayreuther, die hier nicht nur gerne essen geht – sondern auch interessiert in das Gebäude hineinlinst. Dank der gläsernen Wände kann man die Säulenkonstruktion des ehemaligen Pferdestalls hervorragend von außen bewundern.

Magdalena Bayreuther findet das Gebäude deshalb so faszinierend, weil sie Historikerin ist, und passionierte Pferdeliebhaberin, Reiterin und Kutschenfahrerin – und sie hat über das Thema „Pferde und Fürsten" promoviert. „Das hier", sagt sie, „war ein Schulstall. Das ist aber nicht wie heute so zu verstehen, dass hier Lehr- bzw. Schulpferde für Reitschüler standen, sondern hier waren die jungen Reitpferde untergebracht, die für den König und seine Familie ausgebildet wurden." Der Schulstall sei Teil der großen Hofstallungen gewesen,

Wo heute Liebhaber guter italienischer Küche speisen, waren einst Pferde untergebracht.

des sogenannten Marstalls. „Der Münchner Hof hat immer zahlreiche Pferde benötigt. In der Renaissance gab es für sie einen *Stallhof* genannten Marstall in der heutigen Alten Münze." Damals sei ein Zeughauskomplex gebaut worden – eben dort, wo sich heute das Restaurant im einstigen Reitstall befindet.

„In diesem Areal wurden vom 17. bis ins 19. Jahrhundert immer mehr Pferdeställe und Remisen, also Kutschenhäuser, gebaut." Von den alten Teilen seien allerdings nur noch wenige erhalten. Der Schulstall, in dem sich heute das Restaurant befindet, wurde um 1810 errichtet. „Hier hat es richtig gebrummt", schildert Magdalena Bayreuther die damalige Betriebsamkeit. „Diese Stallungen konnten bis zu 330 Pferde fassen. Und es waren auch 100 bis 150 Menschen unterwegs, die hier gearbeitet haben – vom Oberststallmeister bis zum Reitknecht." Auch einen Krankenstall habe es auf dem Areal gegeben. Im „Hartschierstall" standen die Pferde, die die berittene Leibgarde des Königs nutzte. Und in einer der Remisen befanden sich im 19. Jahrhundert die alten Pracht- und Galawagen aus der Barock- und Rokokozeit, die heute im Marstallmuseum ausgestellt sind.

Mit dem Ende der Monarchie 1918 wurden das Obriststallmeisteramt und somit der große königliche Marstall aufgelöst. Ab 1923 war das Marstallmuseum, das sich jetzt in Nymphenburg befindet, in der klassizistischen Reithalle des Architekten Leo von Klenze beheimatet.

Und heute kann man zwischen den übrig gebliebenen königlichen Stall-Säulen lecker speisen und von einer Zeit träumen, in der edle Pferde den bayerischen König durch Münchens Straßen und Parks trugen.

Eva-Maria Bast

So geht's zu den Stall-Säulen:

Man kann sie am südlichen Marstallplatz (Maximilianstraße 15) besichtigen. Dank der Glaswand sind sie gut einsehbar.

Eine riesige Krone mitten in der Stadt? Darüber haben sich Anette Spieldiener und Michael Weiser zunächst auch gewundert.

26

Krone

Ein Stück Landau mitten in München

In der Rothmundstraße steht eine fast vier Meter hohe Krone auf einer Flachdachgarage. Das Kunstwerk aus oxidiertem Metall passt nicht wirklich in die Umgebung aus mehrgeschossigen Gründerzeithäusern. Und doch steht es hier an der richtigen Stelle. Anette Spieldiener und Michael Weiser sind für ihre Stadtführungen immer auf der Suche nach besonderen Relikten und standen eines Tages staunend davor: Das Herrschaftszeichen eines Riesen unweit der Lindwurmstraße? Was für eine Erklärung könnte es dafür geben?

„Wir waren so begeistert von der Krone und so neugierig, dass wir bei der Spenglerei nebenan klingelten, um Näheres zu erfahren", erzählt Anette Spieldiener. Dort trafen die beiden auf Caroline Sporer, die die Spenglerei Lorenz Sporer in vierter Generation führt. Die Fachfirma hat sich darauf spezialisiert, Dach- und Fassadenschmuck aus Kupfer- und Zinkblech zu restaurieren und rekonstruieren.

Caroline Sporer, deren Urgroßvater Lorenz Sporer das Unternehmen 1882 als „Münchner Metallornamenten- und Blitzableiterfabrik“ gegründet hat, konnte das Geheimnis des überdimensionalen Kopfschmucks auf dem Garagendach lüften. „Diese Krone war bis 2002 auf dem Dach des Landgerichts von Landau in der Pfalz angebracht“, erklärt sie. „Dann musste sie abgenommen werden, weil sie in den fast 100 Jahren, die sie dort oben stand, von Wind und Wetter stark mitgenommen worden war.“ Außerdem sei das stützende Holzgerüst im Inneren morsch gewesen. Die Spenglerei Sporer erhielt den Auftrag, eine Replik der Landauer Krone herzustellen. So kam das Original in die Münchner Rothmundstraße, um Modell zu stehen. Den aufwändig verzierten Kronenaufsatz von 2,30 Metern Durchmesser und 3,80 Metern Höhe fertigten die Spengler aus Kupferblech. Dazu kamen der Reichsapfel und das Kreuz, die oben auf der Krone angebracht werden sollten. „Insgesamt ist das Konstrukt fast fünf Meter hoch“, rechnet Sporer nach.

Die Replik der Krone mit Reichsapfel und Kreuz, die nach fast 160 Arbeitsstunden in der Werkstatt fertiggestellt worden war, trat ihre Reise nach Landau an, wo sie seither in neuer Schönheit vom Dach des Landgerichts strahlt. Der Krone in München fehlen die Herrscherinsignien. „Die gingen zurück nach Landau und stehen dort im Museum.“

„Es ist großartig, dass man nichtsahnend durch die Straße läuft und plötzlich vor so einer riesigen Krone steht“, sagt Anette Spieldiener. „Firmen wie Sporer ist es zu verdanken, dass die Schönheit und Einzigartigkeit von München erhalten bleibt. Denn auch hier in der Stadt war das Unternehmen an vielen Orten tätig, unter anderem am Neuen Rathaus“, fügt Michael Weiser hinzu. So steht ein Stück Pfalz mitten in München. Und genaugenommen auch ein Stück München mitten in der Pfalz – wenn auch in luftiger Höhe auf dem Landgericht von Landau.

Heike Thissen

So geht's zur Krone:

Die Krone steht auf dem Garagendach der Spenglerei Sporer. Diese ist seit 1882 in der Rothmundstraße 6 beheimatet.

Voller Symbolik: das Deckengemälde in der Dreifaltigkeitskirche.

27

Deckenmalerei

Eine Kirche voller Symbolik

„Als ich es das erste Mal entdeckt habe, war ich ganz aus dem Häuschen", sagt Christopher Weidner. Er steht in der Dreifaltigkeitskirche in der Altstadt, legt den Kopf in den Nacken und schaut nach oben zu dem Deckengemälde über der Eingangstür. „Das ist wirklich verblüffend!", bekräftigt er. Was den Gästeführer so begeistert, ist etwas komplizierter zu erklären: „Im Grunde geht es darum, dass diese ganze Kirche voll von Symbolen ist", sagt er. „Und zwar nicht nur von denen der katholischen Kirche, sondern auch von denen des Judentums und der Rosenkreuzer." Das liege seiner Ansicht nach nicht zuletzt an der

Erbauungszeit (1711-1718): „Das 18. Jahrhundert war eine Hochphase der Mystik", stellt er fest. „Die Menschen waren in jener Zeit regelrecht verrückt nach ihr und ihren Symbolen."

Auf dem Deckengemälde ist eine Taube zu sehen – als Symbol für den heiligen Geist. Außerdem ein hebräisches Zeichen, das sogenannte Tetragrammaton: Es bezeichnet die Buchstaben, aus denen der Name Gottes gebildet wird und besagt: „Ich bin JHWH, dein Gott, der ich dich aus dem Land Ägypten, aus dem Sklavenhaus, herausgeführt habe. Du sollst keine anderen Götter haben neben mir." Im „Tanach", der hebräischen Bibel, wird der Name Gottes immer aus den hebräischen Konsonanten Jod, He, Waw und He gebildet. Gelesen wird das Tetragramm הוהי von rechts nach links: „JHWH". So steht es auch an der Decke der Dreifaltigkeitskirche.

Für Christopher Weidner hat die Dreifaltigkeitskirche viele Geheimnisse.

Und nun kommt der Grund für Weidners Begeisterung: die drei Kreise, die auf dem Gemälde abgebildet sind und sich miteinander überschneiden. „Sie sind im Grunde genommen ein kabbalistisches Symbol und nur der Anfang eines viel größeren Symbols, nämlich der Blume des Lebens. Und die Blume des Lebens ist ein altes kosmisches Symbol, das schon in der Antike bei den Ägyptern verwendet wurde. Das ist ein echtes Geheimnis", findet der Münchner Stadtführer, der sich seit vielen Jahren intensiv mit dem Thema „Mystik in München" beschäftigt.

Führt man das begonnene Muster weiter, malt man also weitere Kreise im gleichen Abstand, entsteht ein Punkt, an dem sich alle Kreise berühren. „Diesen Punkt nennt man Abyssos", erklärt Weidner. „Das bedeutet tiefe Sehnsucht, die tiefe Sehnsucht nach Gott. Das ist ein uraltes biblisches Symbol." Abyssos steht in der biblischen Mythologie für Unterwelt und wird auch mehrfach in der Offenbarung des Johannes genannt. Und auch im Lukasevangelium kommt der Begriff vor und bezeichnet den Abgrund zwischen Unrecht und Gerechtigkeit im Jenseits. Abyssos sei ein Symbol für die Kluft zwischen dem Göttlichen und der Materie, erklärt Christopher Weidner. Auf dem Deckengemälde in der Dreifaltigkeitskirche ist Abyssos, also der Punkt, an dem die Kreise sich treffen, zugleich die Mitte des Taubenkopfes – ihr Scheitel sozusagen. Und mit ihren Unterseiten berühren die Kreise den Horizont der Wasserfläche, über der die Taube, der Heilige Geist, schwebt. „Es ist hoch interessant, welche Symbolik in diesem Bild verborgen ist", findet der Gästeführer. Das gelte allerdings nicht nur für das Bild, sondern für die ganze Kirche: „Hier hängen überall Spiegel, aber so hoch, dass man nicht hineinblicken kann. Wozu braucht man die?", fragt der Gästeführer. Die Antwort hat er gleich schon parat: „Das Licht, das durch die Fenster kommt, wird umgelenkt. Es ist sozusagen das göttliche Licht, das durch Spiegel auf die Erde gelenkt wird, damit es sich dann manifestieren kann." Und das, sagt er, sei „eine absolute Geheimlehre der damaligen Zeit", es handle sich um Rosenkreuzerwissen. Der kabbalistische „Baum des Lebens" wiederum sei eine jüdische Geheimlehre.

„Hier hängen überall Spiegel, aber so hoch, dass man nicht hineinblicken kann. Wozu braucht man die?"

„So viel Symbolik!", staunt Christopher Weidner und findet: „Diese Kirche ist ein Unikat. Ich kenne nur in Rom Gotteshäuser mit einer ähnlichen, tiefgreifenden Symbolik."

Eva-Maria Bast

So geht's zur Deckenmalerei:

Sie ist an der Decke im Eingangsbereich der Dreifaltigkeitskirche zu sehen. Diese steht in der Pacellistraße 6.

Die Gästeführerin Heidi Karch-Tampe ist von Swapos Schicksal jedes Mal aufs Neue berührt.

28

Swapo

Ein Steinlöwe auf Reisen

Beispiele für bayerische Löwen gibt es in München unzählige. Einer von ihnen sitzt auf der Theresienwiese zur Rechten der Bavaria, mehrere von ihnen bewachen die Haupteingänge der Residenz und den Aufgang zur Feldherrnhalle und vier Exemplare ziehen auf dem Siegestor den Wagen. Ganz abgesehen davon zieren sie in Miniaturformat so manchen Vorgarten in der Landeshauptstadt. Ein besonders beeindruckendes Exemplar aber steht vor der Katholischen Akademie in Bayern in der Gunezrainer Straße. Dass ihm der Unterkiefer fehlt, beeinträchtigt seine Ausstrahlung nicht im Geringsten. Genau genommen ist dieser kleine Schönheitsfehler ein unübersehbares Zeichen für die bewegte Geschichte, die das Tier aus Stein hinter sich hat. „Eigentlich stand dieser Löwe vor dem Wittelsbacher Palais in der Brienner Straße", sagt Gästeführerin Heidi Karch-Tampe. Sie erzählt von der langen und beschwerlichen Reise, die er seitdem hinter sich hat.

Kronprinz Maximilian (1811-1864), ab 20. März 1848 König Max II. Joseph von Bayern, erteilte dem Architekten Friedrich von Gärtner (1791-1847) den Auftrag, das „Wittelsbacher Palais" an der Ecke Briennerstraße/Türkenstraße als Wohnhaus zu bauen. Das beeindruckende Gebäude aus rotem Sandstein entstand in den Jahren 1843 bis 1848. Für das Hauptportal schuf der Münchner Bildhauer Hans Halbig (1814-1882) zwei Löwen aus Stein, die zu beiden Seiten des Eingangs saßen. Schon damals waren sie mit ihren 2,80 Metern Höhe und einem Gewicht von 15 Tonnen im wahrsten Sinne des Wortes schwer beeindruckend. Doch über ihren ursprünglichen Besitzer Maximilian wachten sie nie. Denn der musste König werden, ehe er ins Palais einziehen konnte. „Sein Vater König Ludwig I. hatte sich mit seiner Geliebten Lola Montez am Hof und beim Volk so unbeliebt gemacht, dass er abdanken musste", erzählt die Gästeführerin. Also wohnte nicht Maximilian, sondern der abgedankte König Ludwig nach der Trennung von seiner Mätresse im von ihm ungeliebten und als hässlich angesehenen Wittelsbacher Palais.

„Eigentlich stand dieser Löwe vor dem Wittelsbacher Palais."

Die Höhen und Tiefen der bayerischen Monarchie erlebten die beiden Löwen also hautnah mit, bevor 1919 die Münchner Räterepublik in dem Gebäude ihre Regierung einquartierte. Nach der blutigen Niederschlagung der „Roten" durch die „Weißen" diente das Palais mehreren staatlichen Einrichtungen. Ab Herbst 1933 nutzte es die Bayerische Politische Polizei, die spätere Geheime Staatspolizei (Gestapo). „Innerhalb kürzester Zeit wurde die Gestapo-Zentrale zu einem Inbegriff des Schreckens und der Unterdrückung durch den Nazi-Terror", schreibt Norbert Göttler in einer Broschüre über den steinernen Löwen vor der Katholischen Akademie. Neben der Staatspolizei habe sich dort auch der Staatssicherheitsdienst befunden, der

Lädiert, aber doch ungebrochen stolz: Der steinerne Löwe namens Swapo steht vor der Katholischen Akademie in Bayern und hat eine wechselvolle Geschichte hinter sich.

im Keller Zellen für 52 so genannte Schutzhäftlinge einrichtete. „Tausende von Menschen, darunter die Mitglieder der Weißen Rose oder auch Pater Rupert Mayer SJ, wurden an den Löwen vorbei zu Verhör, Erniedrigung, Folter und Tod geführt", beschreibt der Bezirksheimatpfleger die Schrecken des damaligen Geschehens. „Für viele von ihnen war der Blick darauf der letzte Blick in Freiheit und Würde."

Doch der Alptraum fand ein Ende und die Steintiere erlebten es mit. „Das Palais wurde 1944 von den Alliierten zerbombt und lag danach in Schutt und Asche", sagt Heidi Karch-Tampe. Dabei sei auch einer der beiden Löwen zerstört worden. Der zweite ragte aus den Ruinen – mit zerborstenem Unterkiefer zwar, aber dennoch aufrecht und stolz wie eh und je. Doch auch ihm drohte das Ende. „Zunächst war überhaupt nicht klar, was aus dem Tier werden sollte. Eigentlich war es zusammen mit dem restlichen Schutt für den Abtransport vorgesehen." Seine Rettung verdankte es einem aufmerksamen Beamten, der den Löwen der Bayerischen Obersten Baubehörde anbot. „Schließlich war er nicht fest mit dem Boden verbunden und gehörte deshalb nicht der Stadt München, sondern dem Freistaat. Das war ziemlich abenteuerlich argumentiert, hat den Löwen aber schlussendlich gerettet", urteilt Heidi Karch-Tampe über den Trick, der zur Erhaltung des steinernen Tiers beitrug.

Jedoch würde er vermutlich noch heute unbeachtet und heruntergekommen zwischen Staatsbibliothek und Bayerischem Staatsarchiv stehen, wenn ihn nicht Dr. Franz Henrich unter seine Fittiche genommen hätte. „Henrich hatte schon als Student den Löwen immer neben der Bibliothek gesehen und holte ihn zur Katholischen Akademie in Bayern, nachdem er deren Direktor geworden war", erzählt die Gästeführerin. Henrich habe den Löwen bei einer günstigen Gelegenheit dem Ministerpräsidenten Alfons Goppel (1905-1991) mehr oder weniger abgeschwatzt. Und bevor es sich jemand anders überlegen konnte, ließ der Direktor das Tier 1970 mit einem Tieflader in die Gunezrainerstraße bringen. Wie ein Löwe verteidigte Henrich es in der Folgezeit gegen alle, die den Steinkoloss gern an anderer Stelle in der Stadt sehen wollten. „Seit er hier in Schwabing steht, heißt er Swapo", sagt Heidi Karch-Tampe, „benannt nach einem der ersten Siedler, die sich hier niedergelassen haben, und auf den auch der Name des Stadtteils zurückgeht."

Längst ist der Löwe nicht mehr Türschmuck, Wachtier und Machtsymbol, erklärt Heidi Karch-Tampe: „Heute erinnert Swapo an eines der frühen Opfer des Nationalsozialismus, den Münchner Publizisten Fritz Gerlich." Dieser habe als einer der ersten die Gefahr erkannt, die von Hitler und dem Nationalsozialismus ausging, und sich vehement öffentlich dagegengestellt. „Nationalsozialismus heißt: Lüge, Hass, Brudermord und grenzenlose Not", ist von ihm überliefert. Diese und ähnliche Aussagen in Wort und Bild hat er am 1. Juli 1934 im Konzentrationslager Dachau mit dem Leben bezahlt.

An Fritz Gerlich und an alle, für die der Löwe das Letzte war, was sie auf dem Weg in die Gestapo-Zentrale sahen, erinnert Swapo. *Die Freiheit verteidigen*, steht auf seiner Bronzeplatte und ist ein Appell an jene, die an ihm vorbeikommen. „Daß sie alle, tapfer wie Löwen, mit Zähnen und Pranken ihre eigene und anderer Menschen Freiheit verteidigen mögen, daß sie allen Anfängen der Unfreiheit wehren mögen, das ist der größte Wunsch derer, die dem Löwen seine neue Bestimmung verliehen haben", schreibt Norbert Göttler abschließend über Swapo. Könnte der zu diesen Worten majestätisch mit dem Kopf nicken, der bayerische Löwe würde es sicher tun.

Heike Thissen

So geht's zu Swapo:

Der steinerne Löwe steht vor der Katholischen Akademie in Bayern an der Ecke Gunezrainer Straße/Mandlstraße.

Preysing-Tor

Entrée zu einer großen Liebe

Carola Kühberger ist eine Romantikerin. Und eine Münchnerin mit Leib und Seele. Deshalb hat sie ein besonderes Faible für Liebesgeschichten, die sich in München ereignet haben, samt deren Geheimnissen. Stundenlang kann sie sich in die großen Lieben aus Münchens Vergangenheit vertiefen. Und wenn sie ein Relikt findet, an dem sich eine solche Romanze erzählen lässt, dann schlägt auch ihr Herz ein wenig schneller.

Ein solches Relikt ist für sie das Tor des Preysing-Palais, in prachtvollem Rokoko vom bayerischen Hofarchitekten Joseph Effner erbaut für Johann Maximilian IV. Emanuel von Preysing (1687-1745). Immer wenn sie es betrachtet, denkt sie an die Braut, die hier einst hindurchfuhr – in einer Kutsche. Zuvor war die Braut die Treppe hinuntergeschritten, in einem mit Orangenblüten verzierten Kleid. „Herrlich muss das geduftet haben!", kommentiert Carola Kühberger. Allein, die Orangenblüten brachten der Frau kein Glück, ihr frisch angetrauter Ehemann nahm sich noch im selben Jahr das Leben.

Bei der Braut handelte es sich um Ludovika Gräfin Thürheim (1788-1864), die von allen „Lulu" genannt wurde. Sie war die Tochter des Josef Wenzel Graf von Thürheim (1749-1808) und der Luise Berghe von Trips (1759-1812). Aufgewachsen ist sie im heutigen Belgien, bei dem es sich damals um die österreichischen Niederlande handelte. Wegen der Eroberung des Gebiets durch Revolutionsheere während der Französischen Revolution musste die adelige Familie fliehen und kam im Jahr 1794 nach Wien.

In der kaiserlichen Residenzstadt Wien wurde Lulu schnell Teil der Gesellschaft, sie war 1813 Stiftsdame des adligen Damenstifts Maria Schul zu Brünn. In den 1820er-Jahren reiste sie viel durch Europa und widmete sich mit Begeisterung und Leidenschaft der Malerei. Und dann kam das Jahr 1832. Die Malerin und Schriftstellerin begab sich nach München, um der Cholera in ihrer Heimatstadt Wien

Carola Kühberger liebt Liebesgeschichten. Und sie weiß, welche sich hinter diesem Tor ereignete.

zu entfliehen. Ihr Schwager, Fürst Andrei Kirillowitsch Rasumowski (1752-1836), gewährte ihr in seinem Palais Unterschlupf. „Ihm hat das Preysing-Palais damals gehört", erklärt die Gästeführerin. Und fügt hinzu, dass Lulu nicht nur malte, sondern auch viel schrieb – ihre Lebenserinnerungen. „Sie berichtete zum Beispiel auch über den Wiener Kongress. Ihre Aufschriebe sind für die Österreicher wichtige Quellen." Als Buch herausgebracht hat Lulus Erinnerungen 1914 Philipp von Blittersdorf (1869-1944) unter dem Pseudonym René van Rhyn. Ab 1910 waren Auszüge daraus in der Österreichischen Rundschau erschienen.

Doch zurück nach München – wo die inzwischen schon über 40-jährige Lulu zur Braut wurde. Hier traf sie nämlich die Liebe. Sie kam in Gestalt des bürgerlichen Sekretärs ihres Schwagers, Charles Thirion (1803-1832). Sehr viel jünger als sie war er, erst 28, aber die Liebe fragt bekanntlich nicht nach dem Alter. „Sie war ja sehr selbstbewusst und hat ihm dann schon sehr deutlich gemacht, dass er ihr ausgesprochen gut gefällt", sagt Carola Kühberger. Offenbar fand der junge Mann seinerseits an Lulu Gefallen, „jedenfalls hatten sie was miteinander, was aber geheim bleiben musste. Das wäre sonst wegen des Altersunterschieds und auch wegen des Unterschieds in der gesellschaftlichen Stellung ein Skandal geworden", erklärt Carola Kühberger die Notwendigkeit der Diskretion. Doch die Liebe war groß genug, also beschloss das Paar, den Bund der Ehe miteinander einzugehen. „Aber auch das durfte keiner wissen. Und deshalb ist sie heimlich zur Kirche gefahren. Es war der 5. März 1832, für morgens um 5 Uhr wurde die Hochzeitskutsche hierher bestellt. Sie ist dann in einem weißen Kleid und langem, mit lauter Orangenblüten besetzten Schleier die Treppen hinuntergeschritten und in die Kutsche gestiegen,

Durch dieses Tor fuhr die Kutsche mit der heimlichen Braut.

die in der Toreinfahrt wartete.“ Die Fahrt ging nach Thalkirchen – dorthin, wo sich jetzt der Tierpark befindet. „Das war damals nur ein Dorf, in dem eine Wallfahrtskirche stand. Hier hat sich das Paar heimlich trauen lassen. Ganz früh am Morgen“, hat die Gästeführerin herausgefunden.

Der Fürst kam aber dennoch dahinter und entließ seinen Sekretär umgehend. „Das Paar ist daraufhin gemeinsam zurück nach Wien gereist – und wieder hat Lulu darauf bestanden, dass die Ehe geheim bleibt. Anscheinend hat es auch direkt nach der Hochzeit viel Aufregung gegeben, denn so, wie sie schrieb, ist die Ehe erst nach fünf Tagen vollzogen worden.“ In Wien habe sich die Lage für den armen, unglücklichen Ehemann nicht gebessert. „Lulu hatte auch hier Angst vor der gesellschaftlichen Schmach, er musste im Gasthaus zur Goldenen Birne wohnen, sie residierte ein paar Straßen weiter in ihrer Wohnung und besuchte ihn jeden Tag. Irgendwie hat die Situation den jungen Mann wohl überfordert“, vermutet Carola Kühberger. „Innerhalb eines Jahres nach der Hochzeit hat er sich das Leben genommen. Die Gründe kann man nur vermuten – eben, dass er mit der Situation nicht klarkam.“

„Herrlich muss das geduftet haben!“

Die strahlende Braut, die samt ihrer Orangenblüten in der Kutsche durch den Torbogen am Palais Preysing fuhr, war also kein Jahr später Witwe. Die Orangenblüten haben ihr kein Glück gebracht. Auch wenn sie obestimmt ganz herrlich dufteten.

Eva-Maria Bast

So geht’s zum Preysing-Tor:

Es ist der Eingang zum Preysing-Palais in der Residenzstraße 27.

Städtisches
Brause- u. Wannenbad
4
Schloßstr.
STÄDTISCHER KINDERGARTEN

30

Ehemaliges Tröpferlbad

Zwei Mal im Jahr gründlich sauber

Die Münchner, ein Volk von schmutzigen und stinkenden Menschen? Mit Frauen, die die Badewanne scheuen wie der Teufel das Weihwasser? Und Männern, die sich bestenfalls die Hände, nie aber die Haare waschen? Unvorstellbar! Doch tatsächlich war es mit der Hygiene der Bewohner noch bis ins 20. Jahrhundert hinein gar nicht so weit her. Das belegt ein einfaches Rechenexempel aus dem Jahr 1910: Damals lebten in München 596.497 Einwohner. 497.924 Personen – so die Zahlen – gönnten sich in jenem Jahr ein Wannenbad, 621.212 Münchner nutzten die billigeren Brausebäder. Das bedeutet: Statistisch gesehen badeten oder duschten die Münchner Anfang des 20. Jahrhunderts keine zwei Mal im Jahr. Doch wenn sie es taten, dann benutzten sie hierfür unter anderem das „Städtische Brause- und Wannenbad" in Haidhausen, von den Stadtteilbewohner wegen des mitunter spärlichen Wasserflusses auch liebevoll „Tröpferlbad" genannt.

„Damals hatten die wenigsten Wohnungen ein eigenes Bad", erzählt der Hobbyhistoriker Rudolf Hartbrunner. Wer sich also einmal gründlich waschen wollte, musste eines der städtischen Bäder aufsuchen, Eintritt zahlen und sich dort seiner Körperpflege widmen. Doch das Bedürfnis scheint sich in vielen Fällen in Grenzen gehalten zu haben. Mediziner hielten in ihrem „Physikatsbericht des Bezirks der Stadt München" für die Jahre 1861/62 fest: „Seine Neigung zum Baden ist bei dem eigentlichen Münchner nicht weit her; es ist ihm schon zu unbequem, und dass es besonders gesund sein soll, leuchtet ihm nicht ein, sein ganzes Leben hat er nicht gebadet, oder nicht oft, und ist doch immer gesund geblieben!" Der „Physikatsbericht für das Landgericht links der Isar" stellt zur selben Zeit ein noch schlechteres Zeugnis aus: „Die größte Mehrzahl der Bewohner unseres Bezirks sind außer dem

„Damals hatten die wenigsten Wohnungen ein eigenes Bad."

Im städtischen Brause- und Wannenbad konnten Haidhauser Arbeiter sich der Körperhygiene widmen. Rudolf Hartbrunner weiß, dass die wenigsten davon Gebrauch machten.

Säuglingsalter in kein Bad gekommen, und eine große Zahl derselben haben sich in ihrem ganzen Leben außer dem Gesicht, Händen und Füßen keinen Theil ihres Leibes gewaschen."

Dem sollte mit öffentlichen Bädern Abhilfe geschaffen werden. „1889 beschloss der Münchner Magistrat, verschiedene dezentral gelegene Bäder zu bauen, die vor allem den Arbeitern die Gelegenheit zur billigen Reinigung geben sollten", hat Hartbrunner herausgefunden. Theoretisch sollte sich jeder Arbeiter einen Badegang pro Woche leisten können: Zehn Pfennige kostete das Duschen, 30 Pfennige das Wannenbad. Zunächst entstanden mehrere Brausebäder. Haidhausen erhielt sein städtisches Brause- und Wannenbad im Jahr 1894, als an der Ecke von Kirchen- und Schlossstraße das Feuerwehr- und Spritzenhaus entstand und nebenan die Baderäume verwirklicht wurden. Der städtische Bauamtmann und spätere königliche Professor der Technischen Hochschule, Carl Hocheder (1854-1917), entwarf dieses erste Bad mit Wannen, das als Vorlage für viele weitere galt. Aus seiner Feder stammten später auch die Pläne für das wesentlich bekanntere und 1901 eröffnete Müller'sche Volksbad (siehe Münchner Geheimnisse, Band 1).

Erst als ab den 1970er-Jahren immer mehr Münchner Wohnungen eigene Bäder besaßen, verloren die öffentlichen Wannen und Duschen ihre Bedeutung. Heute steht das Gebäude des „Städtischen Brause- und Wannenbads" in der Haidhauser Schlossstraße unter Denkmalschutz. Statt der Arbeiter und ihrer Familien gehen hier inzwischen Kindergartenkinder ein und aus. Mit der Hygiene nehmen die es vermutlich genauer als der erwachsene Durchschnittsmünchner Anfang des 20. Jahrhunderts.

Heike Thissen

So geht's zum ehemaligen Tröpferlbad:

Das ehemalige Haidhauser Tröpferlbad steht in der Kirchenstraße 9.

Cathérine Fischer kennt die Geschichte des riesigen Heiligen, der hinter ihr an der Hauswand hängt.

31

Mosaik

Ein Heiliger mit durchdringendem Blick

Das hektische Treiben auf dem Marienplatz beobachtet er mit stillem Blick und stoischer Ruhe. Er selbst indes bleibt weitgehend unbemerkt. Dabei ist er doch so groß, der bärtige Mosaik-Mann am Marienplatz! Und offenbar auch schon ziemlich betagt! Sein Gesicht wirkt sehr alt, er hat einen dicken Bart und lange, weiße Haare. Bekleidet ist er etwas freizügig, lediglich einen Blätterkranz trägt er um die Hüften. Er hält in der Rechten ein Zepter und in der Linken einen Holzstab. Und dann – seine Augen! Sie sind auffallend groß und so durchdringend, dass, wer zufällig in seine Richtung schaut, den Blick nur schwer abwenden kann.

„Dieses Mosaik ist jüngeren Datums, aber an dieser Stelle gab es auch Vorgängerheiligenbilder", erzählt Cathérine Fischer. Sie weiß auch, um wen es sich bei dem alten Herrn handelt: „Das ist Onuphrius, was *der beständig gut ist* bedeutet“, erklärt sie. „Er lebte im 3. Jahrhundert nach Christus.“ Trotz seines ägyptischen Vornamens sei Onuphrius aber ein abessinischer Fürstensohn gewesen. „Er hatte ein angenehmes und leichtes Leben in Reichtum“, weiß die Münchnerin. Dann habe Onuphrius beschlossen, auf die Thronfolge und sein mächtiges Erbe zu verzichten und in die Wüste zu ziehen. „Er wollte als Asket in der Einsamkeit leben“, schildert Cathérine Fischer seinen Entschluss. 60 Jahre lang soll er sich dabei nur von Datteln und Wasser ernährt haben und sei „in dieser Zeit keinem Menschen begegnet“. Erst kurz vor seinem Tod, berichtet die Legende, habe ihn der Mönch Paphnutius gefunden und, nachdem er ihm die Eucharistie gereicht hatte, beim Sterben begleitet. Dieser Mönch beschrieb seine Begegnung mit Onuphrius in seiner Reiseerzählung: Sie verbreitete sich durch die griechischen, lateinischen, koptischen, äthiopischen, arabischen und armenischen Fassungen in alle Welt.

Vor allem Reisende sollten Onuphrius in die Augen blicken.

Doch wie kam Onuphrius nach München? Was macht er da, an dieser Hauswand? „Das hängt mit unserem Gründungsvater Heinrich dem Löwen zusammen“, klärt Cathérine Fischer auf. Heinrich der Löwe (1129-1195) soll von seiner Pilgerfahrt nach Jerusalem im Jahr 1172 die Hirnschale des Heiligen als Reliquie nach München mitgebracht haben.

„Die sterblichen Überreste des einsamen Wüsteneremiten wurden in der St.-Lorenz-Kapelle im Alten Hof aufbewahrt, nach deren Abriss im Jahr 1816 sind diese jedoch verschwunden“, hat sie herausgefunden und vermutet: „Vielleicht wurde das Bild aufgrund der ehemaligen Nähe seiner Reliquien im Alten Hof an jener Hausfassade angebracht?“ Es gebe aber auch noch eine andere Variante: „Der Bewohner des Hauses, an dem die Darstellung des Onuphrius zu sehen ist, also Marienplatz 17, soll mit einem Freund eine abenteuerliche Pilgerfahrt ins Heilige Land unternommen haben, auf der der Freund verstarb.“ Der

Münchner, Heinrich Pirmat, habe dann ein Gelübde abgelegt: „Er betete zum heiligen Onuphrius und versprach, ihm ein Denkmal zu setzen, wenn der Heilige dafür sorge, dass er sicher nach Hause komme." Der Mann kam heil in München an und machte sein Gelübde wahr, indem er das Bildnis an seinem Wohnhaus anbrachte.

Das Gebäude mit dem Mosaik steht an der Stelle, an der sich bis ins 14. Jahrhundert die „Alte Burg" Heinrichs des Löwen befunden hatte. Damals standen die Burgen traditionsgemäß in den Ecken der Stadtmauer, die ihre äußere Begrenzung darstellte. München war noch nicht so groß, dass es aus dem ersten Mauerring herauswuchs.

Als das Haus im Zweiten Weltkrieg zerstört wurde, zusammen mit dem Südrand des Platzes, wurde es erneut errichtet und ein neues Mosaik an der Wand angebracht, das heutige stammt etwa aus dem Jahr 1960.

Die Münchner hätten Onuphrius allerdings häufig mit einem anderen Heiligen verwechselt, der nicht selten recht ähnlich dargestellt wird: dem heiligen Christophorus. „Er ist ja der Schutzpatron der Pilger, sieht Onuphrius ähnlich und hat auch einen Stab bei sich." Ob Christophorus oder Onuphrius: „In München war er jahrzehntelang der Stoffel vom Eiermarkt", sagt Cathérine Fischer schmunzelnd. Wie das? „Der Teil vom Markt, auf dem Eier und Frischwaren verkauft wurden, befand sich unmittelbar vor dem Haus, an dem Onuphrius angebracht war", sagt sie. „So kam der Riese zu seinem Spitznamen."

Heute nennt ihn keiner mehr so, eben weil er – obwohl so groß und auffallend – in Vergessenheit geriet. Cathérine Fischer schenkt ihm aber jedes Mal einen freundlichen Blick, wenn sie vorübergeht. Und Onuphrius blickt freundlich zurück.

Eva-Maria Bast

So geht's zum Mosaik:

Die Abbildung des heiligen Onuphrius befindet sich unübersehbar an der Fassade des Marienplatzes 17.

Louise von Dubois,
Ihr folgte deren Gatte
Carl von Dubois,
kgl. Ministerialrath,
Caroline Dubois,
D. Josef Bédat,
kgl. Professor a.D.
Carl August von Roos
kgl. Ministerialrat
geb. 2. Nov. 1813 gest. 8. Aug. 1873
Karl Roos S.J.
geb. 22. Feb. 1855 gest. 22. Feb. 1880
Karl von Alwens
kgl. Oberlandesgerichtsrat
geb. 5. Mai 1820 gest. 25. Dez. 1889
Karoline von Roos, geb. Alwens
Ministerialratswitwe
geb. 12. Feb. 1822 gest. 14. Feb. 1896
Julie Roos-Ministerialratstochter
geb. 4. Juni 1843 gest. 14. Feb. 1896
Pauline Roos, geb. Moll
Oberregierungsratsgattin
geb. 2. Juli 1854 gest. 27. Juni 1911
August Roos
kgl. Oberregierungsrat a.D.
geb. 6. Dez. 1841 gest. 22. Mai 1920
DIE STADTSPÜRER®

32

Sterbedatum

Hinweis auf einen grausamen Raubmord

Es wäre ein großer Aufwand, auf dem Alten Nordfriedhof jede einzelne Grabinschrift zu lesen. Das würde bedeuten, auf dem vier Hektar großen Gelände mehr als 700 teilweise stark verwitterte Grabsteine in Augenschein zu nehmen und den manchmal recht langen Text auf ihnen zu entziffern. Dabei ließe sich hier so manches interessante, witzige, kuriose oder gar grausame Detail finden – wie zum Beispiel im Fall der letzten Ruhestätte der Familie von Roos.

Gästeführer Christopher Weidner tritt nah an den mannshohen Stein heran und studiert konzentriert die Zeilen darauf. Dann wird er fündig und deutet auf die Sterbedaten der vierten und fünften Person in der Liste der Beigesetzten. „Ministerialratswitwe Karoline von Roos starb am 14. Februar 1896, genauso wie ihre Tochter Julie von Roos", liest Weidner vor. „Das ist kein Zufall. Dahinter verbirgt sich ein Raubmord, der in München großes Aufsehen erregt hat!" Es sei zwar ein Verdächtiger verurteilt worden. „Aber gestanden hat dieser Mann namens Johann Berchtold die Tat nie", sagt der Münchner nachdenklich mit Blick auf das Grabmal.

Es war am 15. Februar 1896, als der Stationskommandant der 6. Münchner Gendarmeriebrigade, Georg Fürst, in der Karlstraße 33 ein grausiges Bild vorfand. Julie (1843-1896) und Karoline von Roos (1822-1896) sowie deren Köchin Maria Gradl lagen erdrosselt in der Wohnung. „Das war aber nicht gleich klar", sagt Weidner. „Die Nachbarn munkelten erst einmal von einem gemeinsamen Selbstmord oder von einem tragischen Unglücksfall. Aber die Obduktion ließ keinen Zweifel an dem Tod durch Ersticken." Durch die Ermittlungen der Polizei ließ sich in den darauffolgenden Tagen dieses Szenario nachzeichnen: Die Köchin muss den Mörder gekannt haben. Denn sie öffnete ihm die Tür und ließ ihn eintreten, obwohl ihre Chefin dafür bekannt war, dass sie ein sehr zurückgezogenes Leben führte, das Haus selten verließ und nie Fremde

Christopher Weidner steht an dem Grabstein, auf dem ein besonderes Datum vermerkt ist: Zwei Frauen starben am selben Tag.

empfing. Als Maria Gradl der 74-Jährigen den Besuch melden wollte, erdrosselte der Täter sie von hinten auf dem Korridor. Die Herrin, die wohl durch das Geräusch aufgeschreckt worden war, wurde das zweite Opfer: Sie erhielt einen Schlag auf die Stirn, bevor der Mörder sie mit einem Tuch oder der bloßen Hand erstickte. Im Schlafzimmer entdeckte der Täter schließlich Julie, 52 Jahre alt, und erdrosselte sie ebenfalls.

Traurige Erinnerung an einen Raubmord: der Grabstein der Familie von Roos.

„Als man die Leichen am nächsten Tag fand, fehlten 800 Mark in bar und zahlreiche Pfandbriefe der Bayerischen Hypotheken- und Wechselbank. Das konnte der Sohn von Frau von Roos feststellen", führt Christopher Weidner die Geschichte weiter aus. „Es war wohl Raubmord." Nachdem sich unter den Verwandten und Bekannten der Getöteten kein Tatverdächtiger finden ließ, war es ein Hinweis aus der Bevölkerung, der die Beamten auf die Spur des Maurers Johann Berchtold (1862-1925) brachte. Dieser hatte für seinen Arbeitgeber im Sommer zuvor die Maurerarbeiten in den Toiletten der Familie von Roos ausgeführt. Er kannte sich also nicht nur in der Wohnung aus, sondern war den späteren Opfern auch bekannt. Berchtold wurde mit zwei weiteren Mordfällen in Verbindung gebracht. Zudem soll der Schwabinger am Tag des Raubmords in der Karlstraße gesehen worden sein. Und nicht nur dort: „Zeugen haben ihn angeblich dabei beobachtet, wie er nach jedem Mord im Perlacher Forst als Frau verkleidet Schwammerl suchte, mal mit blondem, mal mit schwarzem Schnurrbart", erklärt Christopher Weidner. In der Münchner Kriminalgeschichte ist Berchtold seither als das „schnurrbärtige Münchner Schwammerlweib" bekannt, vor dem sich die Menschen Ende des 19. Jahrhunderts gehörig gruselten.

Nach der Festnahme Berchtolds am 21. Februar 1896 und mehreren Monaten der Beweisaufnahme begann am 1. Oktober 1896 vor dem Schwurgericht am Landgericht München I ein mühsamer Indizienprozess. Zum einen spielten unzuverlässige Zeugen eine große Rolle, die sich in mehreren Fällen eindeutig von der Berichterstattung der Presse beeinflussen ließen. Zum anderen meldeten sich während der 14-tägigen Hauptverhandlung sieben weitere potentielle Mörder, die die Tat für sich beanspruchten. 210 Zeugen traten vor Gericht, von denen jeder seinen Teil zur Aufklärung beitragen wollte. Vor allem, dass Berchtold seit dem Mord einen Lebensstil besaß, der aufwändiger war, als sein Verdienst als Maurer es erlaubt hätte, wog schwer gegen ihn. „Er beteuerte immer wieder seine Unschuld, aber es brachte ihm nichts. Der Handwerker wurde trotzdem zum Tode verurteilt", berichtet Christopher Weidner über den Ausgang des Gerichtsverfahrens. Sechs Monate später sei der Verurteilte aber zu lebenslänglichem Zuchthaus begnadigt worden.

„Als man die Leichen am nächsten Tag fand, fehlten 800 Mark in bar."

Zweifel an der Zuverlässigkeit der Zeugen und der Schuld Berchtolds gab es mehrmals, doch der Prozess wurde nie wieder aufgerollt. Berchtold starb 65-jährig am 18. August 1925 im Zuchthaus in Kaisheim und beteuerte noch in den letzten Lebensminuten seine Unschuld. Damit, so könnte man meinen, sei die Geschichte zum Roos-Grabstein zu Ende.

Tatsächlich aber interessierte sich die Justiz im Jahr 1939 noch einmal für den Raubmord an den drei Frauen in der Karlstraße. Denn in jenem Jahr stand ein Mann namens Johann Eichhorn (1906-1939) vor Gericht, der den Beinamen „die Bestie aus Aubing" trug. Fünf Morde und 90 Vergewaltigungen konnten ihm nachgewiesen werden. Die tatsächliche Zahl der Taten lag vermutlich weit höher. In diesem Prozess kam auch die Berchtold-Akte noch einmal zum Einsatz – als Vergleichsmaterial. Denn Johann Eichhorn war niemand anders als der Enkel von Johann Berchtold.

Heike Thissen

So geht's zum Sterbedatum:

Das Grab der Familie von Roos befindet sich auf dem Alten Nordfriedhof, Arcisstraße 45, im Gräberfeld 9.

Löwenturm

Rapunzel von München gesucht!

In diesen Turm kommt niemand hinein. Und käme doch jemand hinein, würde ihm das nichts bringen, denn dann käme er nicht hinauf, schließlich gibt es im Turm keine Treppe! Die Rede ist vom 23 Meter hohen Löwenturm, den die Münchnerin Margaretha Becker „Rapunzelturm" nennt – eben weil er keine Tür hat und die einzige Chance, hineinzukommen, ein Münchner Rapunzel wäre. Alternativ sind die einzelnen Stockwerke von außen über eine Strickleiter zu erreichen, die man aus dem Fenster wirft – aber um selbige hinauszuwerfen, müsste ja erstmal jemand drin sein, der sie hinauswerfen könnte. Es wird also einfach kein Schuh draus. Der Turm ist gewissermaßen unerklimmbar.

Und genau zu diesem Zweck wurde er, wie Margaretha Becker vermutet, gebaut: „Im 12. und 13. Jahrhundert gab es in München sehr viele Stadtfehden zwischen den einzelnen Sippen", sagt die Gästeführerin. „Man wollte einen sicheren Rückzugsort haben, falls die Familie in Gefahr geraten sollte." Das war so etwa 1433, als der Ritter Hartl Ranninger zu Ranning bei Straubing wegen Schulden die Stadt befehdete. Der Magistrat wollte München warnen, aber Ranninger schickte „Mordbrenner nach München, welche daselbst eine furchtbare Feuersbrunst anstifteten", berichtet das Münchener Stadtbuch. Aus Furcht, dass der Feind „die Stadt mit Brand (...) verderben" werde, wurden „vier Thürmer auf dem Peterthurme und viele Hüttter unter den Stadtthoren gehalten (...) Es blieb deswegen das Bürgerthor immer ganz geschlossen".

„Ich kenne den Verlauf der Stadtmauer ganz genau, sie lief 15 bis 20 Meter nördlich des Turms."

Vermutlich habe man damals von außen eine Leiter in den Turm eingehängt, sei hinaufgestiegen und habe die Leiter anschließend wieder entfernt. Möglich sei aber auch, dass sich immer eine Person, ein Wärter zum Beispiel, im Turm befand, der bei Gefahr eine Strickleiter

Margaretha Becker ist leider nicht Rapunzel, deshalb kann sie auch niemanden in den Turm hineinholen. Aber sie kann seine Geschichte erzählen.

für die Schutzsuchenden hinunterließ. Vielleicht konnten die Menschen sich aber auch über die benachbarten Gebäude Zutritt verschaffen. Denn bis zur mit dem Zweiten Weltkrieg einhergehenden Zerstörung war der Turm nicht freistehend und stützte sich an den Nachbarhäusern ab. Als diese nicht mehr standen, habe sich der Turm über die Jahrzehnte bedrohlich zur Seite geneigt. „Und weil wir keinen Münchner Turm von Pisa haben wollten, wurde er 2006 umfassend saniert und abgestützt", sagt Margaretha Becker.

Reckt sich stolz in den Himmel: der Löwenturm.

Bei der Sanierung hätten die Arbeiter eine faszinierende Entdeckung gemacht: „Im Turm wurden Fresken gefunden, die alte Adelsgeschlechter zeigen. Das bestätigt, dass der Turm ein Geschlechterturm war und einst ziemlich bedeutsam gewesen sein muss." Geschlechtertürme waren Verteidigungstürme bedeutender Stadtfamilien. Gestützt worden sei der Turm allerdings von den Nachbargebäuden und nicht von der Stadtmauer. „Am Turm befindet sich ein Schild, auf dem steht, dass der Turm Teil der Stadtmauer gewesen sei, aber das ist schlichtweg falsch", sagt Margaretha Becker rundheraus. „Ich kenne den Verlauf der Stadtmauer ganz genau, sie lief 15 bis 20 Meter nördlich des Turms." Außerdem gebe es alte Pläne, auf denen klar zu erkennen sei, dass sich der Turm über dem Angerbach befand und der wiederum lief etwa 15 Meter außerhalb der Stadtmauer.

Jedenfalls kann er auf eine wechselvolle Geschichte zurückblicken, der nun nicht mehr gar zu schiefe Turm aus Backstein mit den neugotischen Zinnen. Ein Rapunzel als Krönung fehlt ihm allerdings. Noch.

Eva-Maria Bast

So geht's zum Löwenturm:

Der Löwenturm steht am Rindermarkt in der Altstadt.

Kaum jemand bemerkt beim Passieren des Neuhauser Tors, dass er dabei von Franz Xaver Krenkl beobachtet wird.

34

Krenkl-Kragenkopf

Ein Pferdenarr mit Selbstbewusstsein

Es gibt so einige bayerische Aussprüche, die es zu überregionaler, wenn nicht sogar zu weltweiter Berühmtheit gebracht haben. „Oans, zwoa, gsuffa" kennt jeder, der schon mal auf dem Oktoberfest war. „Da legst di nieda!", rufen Bayern immer dann, wenn sie von einer Nachricht so überrascht sind, dass sie fast ohnmächtig werden. Das „Mia san mia" ist vielen ein Begriff, spätestens seit es der FC Bayern München zu seinem Slogan erklärt hat. Und „Wer ko, der ko" ist Ausdruck eines tiefen bayerischen Selbstbewusstseins, das sich nicht beirren lässt. Im Gegensatz zu vielen anderen Redenwendungen ist bei dieser sogar bekannt, woher sie stammt. „Der Münchner Pferdehändler und Unternehmer Franz Xaver Krenkl soll das gesagt haben", sagt Martin Arz. Seinen Spruch kenne zwar jeder. „Aber dass er als einer der vier so genannten Kragenköpfe am Neuhauser Tor verewigt ist, das wissen die wenigsten", hat der Autor und Verleger festgestellt. Dabei ist der Steinkopf leicht zu entdecken – im mittleren Bogen am nordwestlichen Kragen des Tors.

Xaver Krenkl (1780-1860) war eigentlich ein Uhrmacher aus dem niederbayerischen Landshut, der ab 1806 in München als Pferdehändler und Fuhrunternehmer Karriere machte. Schon bald konnte man ihn sich aus der Stadt und ihrem gesellschaftlichen Leben nicht mehr wegdenken. Besonders bei den Rennen während des Oktoberfestes war er in aller Munde, weil seine Pferde einen Preis nach dem anderen abräumten. Und so ist es nur konsequent, dass die Anekdote, die ihn für immer unsterblich machte, unmittelbar mit schnellen Rossen zu tun hat:

Franz Xaver Krenkl blickt von oben auf die Passanten herab.

„Es gab ein Gesetz, das besagte, dass niemand die königliche Kutsche überholen durfte. Wer sich nicht daran hielt, musste eine Geldstrafe zahlen", erklärt Martin Arz. Als nun eines schönen Tages Krenkl ein paar besonders schnelle und vielversprechende Pferde vor seine Kutsche gespannt hatte und nahe des Chinesischen Turms (siehe Geheimnis 10) durch den Englischen Garten fuhr, tauchte vor ihm König Ludwig I. (1786-1868) in seiner Karosse auf. „Das hat dem Krenkl wahrscheinlich gar nicht gepasst", mutmaßt Arz lachend. „Er gab den Tieren die Peitsche und hat die königliche Kutsche überholt." Der König – fassungslos angesichts solcher Dreistigkeit – soll aus dem Fenster geguckt und gerufen haben: „Weiß Er nicht, dass das verboten ist?" Und Krenkl soll geantwortet haben: „Majestät, wer ko, der ko."

Ob die Geschichte sich wirklich so zugetragen hat? Das ist nicht eindeutig erwiesen. Auch ob der Monarch sich tatsächlich in der Weise rächte, wie es überliefert ist, bleibt ungeklärt. Anstelle einer Geldbuße, die den Geschäftsmann vermutlich wenig geschmerzt hätte, ließ Ludwig I. nämlich wenig später Krenkls Hofausfahrt mit seiner königlichen Kutsche versperren, sodass die Fuhrwagen des Unternehmers nicht hinausfahren konnten und ihm der Umsatz eines ganzen Tages durch die Lappen ging. „Krenkl, wer ko, der ko", soll der König auf dessen Beschwerde hin entgegnet haben.

„Ich mag den Krenkl", sagt Martin Arz mit Blick auf den Kragenkopf am Neuhauser Tor. „Der war nicht nur äußerst geschäftstüchtig, sondern auch frech, schlagfertig, selbstbewusst und zeigte keinerlei Scheu vor Obrigkeiten." Dieser Meinung war offensichtlich auch der Verfasser des Nachrufs, der nach Krenkls Beerdigung in einer Münchner Zeitung erschien: „Krenkl war ein Mann von seltener Herzensgüte und von echter, wenn auch derber Geradheit, der seinem Unwillen durch einen treffenden Volkswitz als Mann aus dem Volke Luft machte. Er haßte allen Schein und Trug, alle List und Maskiererei." Der Pferdehändler, so scheint es, war schon zu Lebzeiten eine Legende.

„Ich mag den Krenkl. Der war nicht nur äußerst geschäftstüchtig, sondern auch frech, schlagfertig, selbstbewusst und zeigte keinerlei Scheu vor Obrigkeiten."

Von dem Niederbayern, der zum Münchner Original wurde, gibt es viele Anekdoten zu erzählen, in denen er meist durch Schlagfertigkeit und Wortwitz glänzt. Es gibt aber auch die Geschichten, aus denen hervorgeht, dass er das Herz eindeutig am rechten Fleck hatte. „Er fühlte mit den Leiden seiner Mitmenschen und half den Armen oft über seine Kräfte und ohne viel Aufhebens", ist in seinem Gedenkblatt zu lesen.

Dass er mit seinem Spruch „Wer ko, der ko" in München und ganz Bayern einmal in aller Munde sein würde, das ahnte Franz Xaver Krenkl wohl trotz allen Selbstbewusstseins nicht. Und auch, dass er einmal in Stein gehauen vom Kragen des Karlstors auf die Passanten in der Fußgängerzone blicken würde, hat er sich mit Sicherheit nicht träumen lassen. Vermutlich hätte er mit „Da legst di nieda!" auf die Nachricht reagiert.

Heike Thissen

So geht's zum Krenkl-Kragenkopf:

Franz Xaver Krenkl ist am Neuhauser Tor am Stachus im mittleren Bogen am nordwestlichen Kragen zu finden, vom Stachus aus betrachtet links hinten.

Dr. Michael Stephan weiß: Dieser Gedenkstein ging einst auf Wanderschaft.

35

Pfälzer Stein

Tapfere Soldaten und ein Stück Torte

DER PFALZ UND IHREN IM WELTKRIEG GEFALLENEN SOEHNEN. Das steht auf der Vorderseite eines großen Steindenkmals, das unmittelbar vor dem Eingang zum Hofgarten am Odeonsplatz platziert war. Und auf der Rückseite: *PFALZ BAYERN UND REICH IN TREUE UNLOESLICH VERBUNDEN.* Die Inschriften stehen immer noch auf dem Stein, der aber ist nicht mehr da – zumindest nicht mehr vor der Residenz. Heute findet man ihn in den Eschenanlagen zwischen Maximiliansplatz und Ottostraße, ziemlich abseits, wodurch er in Vergessenheit geraten ist. Stadtarchivar Dr. Michael Stephan aber hat ihn nicht vergessen, denn für den Historiker ist das Denkmal ein wichtiges Relikt für die Geschichte Bayerns und auch Münchens. Allerdings findet der er es doch angemessen, dass das Denkmal nicht mehr so zentral steht – weil die Pfalz nicht mehr zu Bayern gehört und der Stein nicht mehr so eine große Bedeutung hat wie früher. Heute könnte man ihn auch in der Pfalz aufstellen, was in den 1920er-Jahren nicht ging, weil die Pfalz von den Franzosen besetzt war. Weswegen man ihn in der bayerischen Landeshauptstadt errichtete – die entsprechende Verbundenheit war gegeben, denn die linksrheinische Pfalz war ja nach den Napoleonischen Kriegen und dem Wiener Kongress (1815) an das Königreich Bayern gekommen. Das war eine Entschädigung für die Gebiete rechts des Flusses Inn sowie die Stadt Salzburg, die Bayern nach dem Münchner Vertrag im April 1816 an Österreich hatte abtreten müssen. Also war es im Grunde bayerisches Gebiet, das die Franzosen nach dem Ersten Weltkrieg entsprechend den Waffenstillstands- und Friedensbedingungen bis 1930 besetzten.

„Das Königreich Bayern bestand ja aus acht Regierungsbezirken: sieben rechtsrheinische und linksrheinisch die Pfalz. Und an diese Verbundenheit wird immer wieder erinnert.“

„Übrigens hat die Prinzregententorte deshalb acht Schichten. Das Königreich Bayern bestand ja aus acht Regierungsbezirken: sieben rechtsrheinische und linksrheinisch die Pfalz. Und an diese Verbundenheit wird immer wieder erinnert“, sagt Stephan, „auch wenn die Pfalz als Regierungsbezirk seit 1945 nicht mehr zu Bayern gehört.“ Nicht nur mit der Prinzregententorte, auch mit diesem Denkmal für die gefallenen Soldaten eines pfälzischen Infanterie-Regiments wurde die Verbindung zur Pfalz zum Ausdruck gebracht. Geschaffen hat es der Bildhauer Professor Bernhard Bleeker (1881-1968). Michael Stephan hat eine zeitgenössische Erinnerungsschrift mitgebracht, der zu entnehmen ist, dass der beauftragte Bildhauer eigens in die Pfalz gereist war, um nach Inspirationen für seine Arbeit zu suchen: „Und unter dem Eindruck seines Besuchs der Pfalz im Oktober 1922 empfahl er etwas zu schaffen, das ihrem ganzen Blutopfer, ganzen Gehalte und erschütternden Anteil an den noch nie dagewesenen Kriegsfolgen Ausdruck zu verleihen hätte. Von vorneherein erklärte Bleeker, daß die gesamte Lage unseres Vaterlandes nur eine sehr einfache Ausführung gestatte, die aber schön sein könne und solle.“ Für die Realisierung des Steins hat sich 1923 ein eigener Zweckverband namens „Bayern und Pfalz Denkstein-Verband“ gegründet. Der Bildhauer schuf zwei aufeinander stehende Würfel, der größere sollte für Bayern, der kleinere für die Pfalz stehen.

Der Stein wider das Vergessen.

Enthüllt werden sollte das Denkmal ursprünglich am Sonntag, 2. Mai 1924. Doch, so heißt es in der Erinnerungsschrift: „Leider mußte die Feier mitten in den Sommer und die Folge großer und kleiner vaterländischer Veranstaltungen auf den 6. Juli verlegt werden, weil der ungewöhnlich schneereiche und lange Winter die rechtzeitige Förderung und Bearbeitung des Steinmaterials verhinderte.“ Rund 4000 Personen wohnten der eineinhalb Stunden dauernden Feier bei, – sogar „Seine Kgl. Hoheit der Kronprinz“ war anwesend und „nahm zum Vorbeimarsch vor dem enthüllten Steine Aufstellung“. In den zahlreichen Festreden, unter anderem vom Münchner Bürgermeister Hans Küfner, der den Stein in die Obhut der Stadt übernahm, und vom bayerischen Ministerpräsidenten Heinrich Held, wurde der mehr als 30.000 gefallenen Pfälzer gedacht. In markigen Worten beschwor zudem ein Pfälzer Offizier die Verbundenheit zwischen Bayern und der Pfalz: „Aber Gott sei’s geklagt, nicht überall sind noch die Augen aufgegangen für die ungeheure Größe des Verlustes, der uns trifft, wenn es dem Feinde gelingt, dies von Gott gesegnete Ländlein vom deutschen Reiche loszureißen.“

All das geschah am 6. Juli 1924 auf dem Odeonsplatz. Und der Gedenkstein blieb dort bis ins Jahr 1933. Schon 1930, nach dem Ende der französischen Besatzung der Pfalz, gab es erste Überlegungen im Münchner Stadtrat, den Stein an eine andere Stelle zu versetzen. Den

Umzug an die heutige Stelle bewirkten erst die Nationalsozialisten, denen der Stein für ihre Aufmärsche auf dem Odeonsplatz im Weg war. Am 12. Oktober 1933 meldeten die Münchner Neuesten Nachrichten, dass der Gedenkstein bereits entfernt sei. Ab Anfang November 1933 stand er in den Eschenanlagen.

Was Dr. Michael Stephan in diesem Kontext zudem besonders erwähnenswert findet: „Noch nach 1945 hat der Bayerische Landtag, der damals im Maximilianeum tagte, einen Gobelin in Auftrag gegeben. Und auf diesem Wandteppich waren die Wappen der Hauptstädte der acht Regierungsbezirke zu sehen, darunter auch das der Stadt Speyer für die Pfalz. Man hatte die Hoffnung nicht aufgegeben, dass die Pfalz nochmal zu Bayern zurückkommt.“ Als 1955 rechtlich eine Neugliederung der Bundesrepublik möglich wurde, wurde im April 1956 in der Pfalz ein Volksbegehren eingeleitet. „Bayern hat tatsächlich gehofft, dass sie die Pfalz wiederkriegen. Aber nun wollten die Pfälzer nicht mehr. Es wurde nicht einmal das Quorum von zehn Prozent der Stimmberechtigten erreicht, um einen entsprechenden Volksentscheid zu erzwingen.“ Allein, auf dem Wandteppich, der im neuen Museum der Bayerischen Geschichte in Regensburg seinen Platz finden wird, ist die nie aufgegebene Hoffnung noch zu sehen. Und auch der Stein kündet still von der Verbindung zwischen Bayern und der Pfalz.

„Man hatte die Hoffnung nicht aufgegeben, dass die Pfalz nochmal zu Bayern zurückkommt.“

Wer sich aber lieber kulinarisch von der einstigen Zusammengehörigkeit überzeugen will, dem sei ein Stück Prinzregententorte empfohlen. Schichten zählen nicht vergessen!

Eva-Maria Bast

So geht's zum Pfälzer Stein:

Er steht in den Eschenanlagen beim Maximiliansplatz.

Dem Tier fehlen Kopf und Krallen. Aber seine gewaltigen Schwingen hat es behalten.

36

Adlerrelief

Eingang zum ehemaligen Zentrum der Macht

Wüsste man nicht, wofür es steht, könnte man durchaus Mitleid mit dem Tier haben: Dem steinernen Adler über dem Hauseingang in der Schellingstraße 50 fehlen nicht nur die Klauen, sondern auch der Kopf. Seine Schwingen sind dennoch überdimensioniert und gewaltig, was der Plastik etwas Bedrohliches verleiht. Dass dieser Eindruck nicht täuscht, kann Stadtführerin Gaby Mannschatz bestätigen. „Im Rückgebäude dieser Adresse befand sich von 1925 bis 1930 die Reichshauptgeschäftsstelle der NSDAP", sagt sie mit Blick auf das Relief. „Der Reichsadler trug damals einen Lorbeerkranz mit Hakenkreuz, das aber nach dem Zweiten Weltkrieg herausgeschlagen wurde."

Dass das Rückgebäude in der Schellingstraße einmal jene Bedeutung erhalten würde, war niemandem klar, als hier im Jahr 1924 ein Unternehmen namens „Photographische Berichterstattung" einzog. Der Firmeninhaber hieß Heinrich Hoffmann (1885-1957) und war auf dem besten Weg, Lieblingsfotograf von Adolf Hitler (1889-1945) zu werden. Doch im Jahr der Geschäftseröffnung saß Hoffmanns späterer Auftraggeber noch ihm Gefängnis. Er war nach dem gescheiterten Putschversuch, bei dem er am 8. und 9. November 1923 in München die Regierungsmacht an sich reißen und danach in Berlin die liberale Demokratie abschaffen wollte, wegen Hochverrats zu fünf Jahren Haft verurteilt worden. „Auch die NSDAP, die er 1920 gegründet hatte, wurde verboten", erzählt Gaby Mannschatz. „Doch Hitler wurde im Dezember 1924 vorzeitig entlassen und verkündete kurz darauf im Februar 1925 im Bürgerbräukeller die Neugründung der Partei." Die Räumlichkeiten stellte Heinrich Hoffmann zur Verfügung: das geräumige Atelier über seinem Geschäft im Hinterhaus der Schellingstraße 50.

Gaby Mannschatz vor dem Adler, der einst die Reichshauptgeschäftsstelle der NSDAP markierte.

Offiziell wurde die Gründung jedoch erst, nachdem Hitler und sechs Gleichgesinnte sich am 21. August 1925 im Haus mit dem Adler über der Toreinfahrt trafen und dort einen Trägerverein gründeten. Hier, anlässlich „einer in den Geschäftsräumen der N.S.D.A.P. Schellingstraße 50 stattgehabten Zusammenkunft", wie es in der Gründungsurkunde heißt, unterzeichnete „Herr Hitler, Schriftsteller, München" das Protokoll und wurde zum Vorsitzenden des „Nationalsozialistischen deutschen Arbeitervereins e.V., Sitz München" gewählt. Weil die Satzungen genehmigt und von sieben Mitgliedern unterschrieben wurden, hatte der Verein von diesem Moment an Rechtscharakter.

In Heinrich Hoffmanns Räumen entstand dessen „Reichshauptgeschäftsstelle", zunächst nur im Atelier. Während anfangs vier Angestellte dort arbeiteten, waren es 1930 bereits 56. Von hier wurde die Partei reichsweit verwaltet und organisiert. Sie bezog innerhalb von fünf Jahren das gesamte Hinterhaus – da war Hoffmann mit seiner Firma bereits in die Theresienstraße umgezogen und beschäftigte dort hinter der Theke Eva Braun (1912-1945), die über ihn Adolf Hitler kennen- und lieben lernte.

Der Platzmangel war einer der Gründe dafür, dass Hitler im selben Jahr den Kauf eines anderen Gebäudes veranlasste. Hoffmanns Haus war für die Maschinerie, die es inzwischen zu betreiben galt, zu klein geworden. „Die Reichshauptgeschäftstelle zog dann um ins so genannte Braune Haus an der Brienner Straße, dorthin, wo heute das NS-Dokumentationszentrum steht", sagt Gaby Mannschatz.

Der Bedeutung Hoffmanns für Hitler und die Nationalsozialisten tat die örtliche Trennung der Büros keinen Abbruch. Er war zu jener Zeit bereits Leibfotograf des „Führers" und durfte sich ab 1933 auch „Reichsbildberichterstatter" nennen. Mit den Urheberrechten an den Bildern verdiente er ein Vermögen. So lag 1943 der Umsatz von „Heinrich Hoffmann. Verlag nationalsozialistischer Bilder", wie das Unternehmen später hieß, bei mehr als 15 Millionen Reichsmark – hauptsächlich aus dem Handel mit Hitler-Porträts. Denn das Monopol hierauf lag bei Hoffmann.

Zwar waren es nur fünf Jahre, in denen der Adler über der Hofeinfahrt den Weg zur Reichshauptgeschäftsstelle wies. Doch in genau dieser Zeit begann Adolf Hitler zielstrebig damit, das Schicksal Deutschlands und der Welt in eine unheilvolle Richtung zu wenden.

Heike Thissen

So geht's zum Adlerrelief:

Es befindet sich über dem Eingangstor in der Schellingstraße 50.

Am Rathaus sind Münchner Beamte als Steinfiguren abgebildet.

37

Figuren am Rathaus

Ein lustloser und ein fleißiger Beamter

„Darf ich vorstellen? Das sind die städtischen Bediensteten", lacht Dr. Brigitte Huber. Sie darf sich als Chronistin im Stadtarchiv zu selbigen zählen und deutet im Prunkhof des Rathauses nach oben zu den Giebelfenstern des Registraturbaus. In der Tat finden sich hier zwei interessante Herren aus Stein: Einer trägt einen Augenschirm. Der, sagt Brigitte Huber, solle einen besonders fleißigen Beamten darstellen. Der andere hingegen hat überhaupt keine Lust zu arbeiten. „Er wirft wütend seine Akten aus dem Fenster", erklärt die Historikerin das Augenscheinliche. „Sein Vorbild aus Fleisch und Blut soll den Betrachtern zugerufen haben: Mei Ruah will i hab'n, seht's net, dass i arwat (arbeite)!" Schmunzelnd fügt sie hinzu: „Und wir Mitarbeiter des Stadtarchivs stehen dann hier unten, sammeln die Akten ein, die er oben aus dem Fenster wirft, und legen sie im Stadtarchiv ordentlich ab."

Die Herren Beamten sind nur zwei der vielen Figuren, bei denen Architekt Georg Hauberrisser (1841-1922) sich einen Scherz erlaubte,

Der fleißige Beamte.

als das Rathaus ab 1867 in drei Bauabschnitten errichtet wurde. „Architektenscherze finden sich am Neuen Rathaus viele", bestätigt Brigitte Huber. „Er hat sich an der Fassade richtig ausgetobt, aber die Münchner fanden das ganz und gar nicht immer lustig. Beim Rathaus-Esel, der auf der Nordseite des Rathauses stand, waren viele Stadtväter sogar entrüstet. Sie schienen das auf sich zu beziehen. Einer soll sogar geschrien haben: Es wär' no schöner, wenn wir uns dös g'fallen lassen taten, das Tier muss nunter!" Tatsächlich habe Hauberrisser den Esel dann auch wieder verhüllt. Doch nachdem die „Münchener Post" über Architektenscherze berichtet hatte, hätten sich die Herren wieder beruhigt und der Esel durfte das Rathaus weiterhin zieren – allerdings wurde er im Zweiten Weltkrieg zerstört.

Es habe noch mehr tierische Gestalten an dem Gebäude gegeben, berichtet die Chronistin des Stadtarchivs: Die Wasserspeier zum Marienplatz hätte er als Affe (Eitelkeit), Hund (Treue), Ochse (Kraft), Katze (Schlauheit) und Bock (Sturheit) gestaltet. „Und am linken Gebäudeteil auf der Seite zum Marienplatz stand weit oben eine Kuh. Außerdem gab es am Giebel an der Landschaftsstraße einen Fuchs und an der Fassade zum Marienplatz waren mehrere Münchner Typen abgebildet", schildert Huber die fantasievolle Außengestaltung. „Letztere waren zum Beispiel Straßenmusikanten oder ein Soldat mit dampfenden Weißwürsten. Eine Figur mit Knödeln ist heute noch zu sehen."

Das Münchner Rathaus genauer zu betrachten, kann also ausgesprochen appetitanregend sein! Den Beamten schmeckt's nach getaner Arbeit sicher auch.

Eva-Maria Bast

So geht's zu den Figuren am Rathaus:

Sie gehen oben an den Giebelfenstern des Registraturbaus ihrem Dienst nach. Man kann sie vom Innenhof des Rathauses aus gut sehen.

Kunsthistorikerin Daniela Thiel genießt auf der steinernen Bank den Ausblick auf den Park.

38

Steinerne Bank

Inschrift mit verdrehten Tatsachen

Für eine Sitzgelegenheit fällt die steinerne Bank im Englischen Garten ziemlich großzügig aus. Das Halbrund aus Kelheimer Kalkstein im alten Hirschangerwald ist nicht gerade das, was man als „lauschiges Plätzchen" bezeichnen würde. Dafür ist es mit seinem Durchmesser von 7,70 Metern schlichtweg zu groß. Wenn man weiß, dass der Stufensockel darunter eigentlich nicht für eine Sitzgelegenheit gedacht war, verwundert das nicht. „An der Stelle dieser herrlichen Bank befand sich fast 50 Jahre lang ein Apollo-Tempel", erzählt Kunsthistorikerin Daniela Thiel. Und dennoch behauptet die Inschrift auf der marmornen Lehne der Bank: *HIER WO IHR WALLET DA WAR SONST WALD NUR UND SUMPF.* Eine glatte Lüge, könnte man meinen. Doch ganz so verkehrt ist es nicht, denn das seit dem 14. Jahrhundert bezeugte Jagdrevier des baierischen Herrscherhauses war einst Überschwemmungsgebiet der Isar.

Drei sehr unterschiedliche Männer waren es, die dafür sorgten, dass noch heute eine der größten innerstädtischen Parkanlagen der Welt in München zu finden ist. Kurfürst Carl Theodor (1724-1799) aus der Pfälzer Linie der Wittelsbacher kam 1778 aus seiner Residenzstadt Mannheim nach München. Er war der Nachfolger von Kurfürst Max III. Joseph, mit dem die bayrische Linie des Hauses Wittelsbach ausgestorben war. Carl Theodor, der Zeit seines Lebens an der Isar nicht sonderlich gut gelitten war, fungierte als Stifter der Parkanlage. Der in den nordamerikanischen Kolonien Großbritanniens geborene aufgeklärte Sozialreformer, Offizier und Forscher Benjamin Thompson (1753-1814), später Reichsgraf von Rumford, war der Ideengeber: Er schlug dem Kurfürsten vor, das herzogliche Jagdrevier im Sinne eines englischen Landschaftsgartens für die Bevölkerung zu öffnen. Der Dritte im Bunde war der hervorragend ausgebildete und erfahrene Gartenarchitekt und spätere Stadtplaner Ludwig von Sckell (1750-1823), den Carl Theodor aus der Pfalz mitgebracht hatte. Zusammen entwarfen sie ein Naherholungsgebiet, das zwar natürlich aussehen sollte, tatsächlich aber akribisch geplante und gestaltete Landschaft war. „Dort hinein setzte Rumford Dinge aus dem klassischen Bildungskontext, die unter anderem auf die Antike Bezug nahmen", sagt Daniela Thiel.

Die steinerne Bank steht auf einer idyllischen Halbinsel im Englischen Garten.

So entstand 1789 auf einer Halbinsel ein Tempel in Form eines Rundbaus mit Säulen – eines Monopteros – dem griechischen Gott der Sonne und der Musik gewidmet. „Der Stufensockel besteht aus Tuffstein, der Tempel und die ab 1791 dort beheimatete Apollo-Statue waren aus Holz", erklärt die Kunsthistorikerin. Es muss ein unvorstellbar idyllisches Ensemble gewesen sein, das hölzerne Bauwerk inmitten des üppigen Landschaftsgartens. So lautet denn auch eine zeitgenössische Beschreibung: „Der Dom des Tempels reicht in die Äste der majestetischen Baumgruppe, die ihn umgibt; schauerliche Ehrfurcht ist das

Gepräge dieser Gegend, und bey dem griechischen Tempel im celtischen Bardenhaine glaubt man die Saiten Homers und Ossians harmonisch säuseln zu hören."

Doch aller Romantik und Idylle zum Trotz stand der Tempel nicht lange an Ort und Stelle. 1838, nach fast 50 Jahren, war er so marode geworden, dass er abgerissen wurde. Eine Restaurierung kam aus mehreren Gründen nicht in Frage: Erstens hatte bereits Sckell das Bauwerk als missglückt betrachtet, weil ihm dessen Proportionen nicht gefielen. Zweitens war zu jenem Zeitpunkt der beim Volk unbeliebte Carl Theodor, an den der hölzerne Tempel mit der Apollofigur ja erinnerte, bereits gestorben. Und dem späteren Nachfolger König Ludwig I. (1786-1868) lag auch nichts daran, im Gegenteil. „Er konnte Carl Theodor nicht gut leiden und tat alles, um die Erinnerung an ihn auszulöschen", erklärt Daniela Thiel. „Außerdem war er kein Freund der bewussten Sichtachsen, auf die Rumford so großen Wert gelegt hatte. Ludwig wollte vielmehr die Natürlichkeit betonen", hat die Kunsthistorikerin herausgefunden. Für den Apollo-Tempel auf der Halbinsel bedeutete das das Aus, er wurde abgerissen. Stattdessen gestaltete Architekt Leo von Klenze (1784-1864) im Auftrag des Königs die steinerne Bank, die seit 1838 auf der Halbinsel steht. Von ihm stammt auch die Inschrift, die behauptet, an derselben Stelle habe es zuvor nur Wald und Sumpf gegeben. „Das ist so nicht richtig, wie die Geschichte des Monopteros zeigt", fasst Daniela Thiel den Werdegang dieser Örtlichkeit zusammen.

Den meisten Besuchern des Englischen Gartens ist die Steinbank vermutlich lieber als ein hölzerner Tempel. Zumal sich mit dem steinernen Monopteros heute in mittelbarer Nähe ein Rundtempel befindet, der allen Anforderungen des Ludwig von Sckell entsprechen dürfte.

Heike Thissen

So geht's zur steinernen Bank:

Die Halbinsel mit der steinernen Bank befindet sich im Entenbach zwischen Oberstjägermeisterweg und Carl-Theodor-Straße unweit der Verwaltung des Englischen Gartens.

Turm

Auf klapprigen Stufen der Party entgegen

Der Turm des Oskar-von-Miller-Gymnasiums bestimmt die Silhouette Schwabings wie kaum ein anderes Bauwerk. Nicht nur für den Stadtteil ist er seit seiner Erbauung im Jahr 1912 identitätsstiftend, sondern auch für die Schüler, die dort die Schulbank drückten. Das war schon immer so, erinnert sich einer, der es wissen muss: Der ehemalige Münchner Oberbürgermeister Christian Ude machte 1967 an der Schule Abitur. „Auf diesen Turm, der den ganzen Münchner Norden wie ein Burgfried beherrscht, waren alle Schüler immer sehr stolz", weiß er aus eigener Erfahrung. Wer habe schon – irgendwo in München, in Bayern oder der Bundesrepublik – so ein prachtvolles Schulgebäude mit derart trutzigem Turm besuchen dürfen? Und auch heute, viele Jahrzehnte später, hat er eine ganz besondere Beziehung zu dem Bauwerk. „Immer wenn ich hier vorbeikomme, erinnere ich mich zwangsläufig daran, dass ich einmal zu der erlesenen Zahl von etwa 20 Schülern gehört habe, die in diesem Turm eine Party gefeiert haben", erzählt er mit einem Schmunzeln auf den Lippen.

Dafür war der Turm, der sich an den Gruppenbau im historisierenden Stil schmiegt, natürlich eigentlich nicht gedacht. Das Gebäude des heutigen Oskar-von-Miller-Gymnasiums, das bis in die 1960er-Jahre hinein „Altes Realgymnasium" hieß, bildet mit dem Maximiliansgymnasium eine Doppelanlage, die um einen Innenhof angeordnet ist. Dass es dem Architekten Karl Höpfel bei seinem Entwurf nicht darum ging, eine Lehranstalt zu schaffen, sondern einen Ort, an dem sich Schüler wohlfühlen, ist noch heute an vielen Details zu erkennen: Schweifgiebel, Dachgauben und Freitreppen samt Säulen-

„Auf diesen Turm, der den ganzen Münchner Norden wie ein Burgfried beherrscht, waren alle Schüler immer sehr stolz."

Der ehemalige Oberbürgermeister Christian Ude hat zum Turm des Oskar-von-Miller-Gymnasiums eine ganz besondere Beziehung.

Portikus sind auf dem Schulgelände zu finden, außerdem Steine mit Inschriften, Löwenstatuen, Uhren und Figuren, die Allegorien verschiedener Wissenschaften darstellen. Sogar ein Jugendstilbrunnen plätschert im Innenhof, und das Hofportal ziert niemand Geringerer als die römische Wölfin. Und dann ist da noch dieser markante Turm, mit dem einer der ehemaligen Schüler ein ganz besonderes Erlebnis verbindet.

Das Schulgebäude mit Turm bestimmt die Silhouette des Münchner Nordens.

Damals sei es strengstens verboten gewesen, den Turm zu betreten, erklärt Christian Ude mit Blick auf das Bauwerk. „Nach dem Zweiten Weltkrieg ist zwar die ganze Schule saniert worden, aber nicht das Turminnere." Lediglich eine klapprige Holztreppe, die nur mit Dübeln an der Wand befestigt war, führte im Turm nach oben. „Das hat uns als Schüler im besten Abenteueralter natürlich gereizt. Ich war damals Schülersprecher und habe mit der Schülermitverwaltung im Turm eine heimliche Party organisiert, für ein paar Jungs von uns und einige Mädchen vom benachbarten Sophie-Scholl-Gymnasium." Zutritt verschafften sie sich mit einem Dietrich-Werkzeug. Der Leichtsinn – so gibt Ude rückblickend zu – sei unfassbar gewesen: Eine morsche Holztreppe, in der einige Stufen bereits komplett fehlten, wand sich an der Turminnenseite nach oben. „Wir konnten schon hinaufsteigen, mussten aber einige brenzlige Situationen meistern", blickt er zurück in die Zeit kurz vor seinem Schulabschluss. Doch es lohnte sich, das Risiko einzugehen: Im oberen Drittel des Bauwerks war eine massive Decke eingezogen und bildete mit den Turmmauern einen Raum. Von hier führten Fenster in alle Himmelsrichtungen. Wer das Bauwerk genau betrachtet, kann diese sogar erkennen: Über den Uhren öffnet sich zuerst eine offene Galerie und darüber sind Fenster zu sehen, hinter denen Christian Ude mit seinen Mitschülern bei Picknick, Wein und Musik zusammensaß. „Wir haben tatsächlich einen der ersten tragbaren Schallplattenspieler da nach oben getragen, damit wir unsere Platten hören konnten", wundert er sich rückblickend. „Wir waren alle älter als 14 und strafmündig, der Schuss hätte auch nach hinten losgehen können.“ Aber das Erlebnis war das Risiko wert, daran besteht für den ehemaligen Oberbürgermeister kein Zweifel.

„Wir waren natürlich sehr stolz darauf und haben das am nächsten Tag in der Klasse erzählt. Und unsere Mitschüler haben es wiederum anderen Klassen erzählt, und so dauerte es nicht lange, bis das gesamte Lehrerkollegium Bescheid wusste“, erinnert er sich. Strafen gab es trotzdem keine. Nur von ihm als Schulsprecher sei bekannt gewesen, dass er bei der Party anwesend war. Die anderen Gäste der verbotenen Feier konnte die Schulleitung nicht ermitteln. „Das waren vor allem Redakteure der Schülerzeitung“, verrät Ude viele Jahrzehnte später, wo längst keine Strafe mehr droht. Eine Konsequenz hatte die Aktion aber dennoch: Der Zugang zum Schulturm wurde sofort verriegelt – und zwar so, dass kein Schüler ihn mehr hätte öffnen können. „Ich weiß nicht, ob das die erste Party war, die in dem Turm gefeiert wurde. Aber ich bin ziemlich sicher, dass es die letzte war“, sagt Ude. Schade eigentlich. Ein gemütliches Picknick mit guter Musik und netten Menschen bei grandiosem Blick über die Landeshauptstadt klingt eigentlich nach etwas, was jeder Münchner Abiturient einmal erlebt haben sollte. Allerdings nur in Kombination mit einem sicheren Treppenaufgang.

„Nach dem Zweiten Weltkrieg ist zwar die ganze Schule saniert worden, aber nicht das Turminnere.“

Heike Thissen

So geht’s zum Turm:

Das Oskar-von-Miller-Gymnasium mit seinem imposanten Turm steht in der Siegfriedstraße 22.

Treppe

Der Spitzel im Schrank

Diese Treppe ist verblüffend: Sie beginnt im Eingangsbereich zum Bayerischen Hof in einer Art Nische. Die unterste Treppenstufe hat eher die Höhe einer Bank, dann führt sie um die Ecke. Aber wo endet sie? Wohin führt sie? Christopher Weidner kennt die – verblüffende – Antwort: „Heute führt die Treppe zwar nirgendwo mehr hin, sie ist zugemauert. Aber früher endete sie in einem Schrank im bayerischen Kabinettsaal." Damals habe sie angeblich noch einen Stock tiefer in einen Weinkeller geführt. „Die eine Geschichte ist also, dass der Weg hinunter in den Weinkeller nicht weit war", sagt Weidner. Die Wünsche der durstigen Kabinettsmitglieder konnten also schnell erfüllt werden. Viel interessanter findet der Gästeführer die andere schlüssige Nutzung der Treppe: „Im Wandschrank stand ein Spitzel und hat die Gespräche mitgehört", ist er sich sicher. Zu hören gab es da bestimmt viel: „Das hier ist ja das Palais Montgelas, und Maximilian von Montgelas war der Schmied des Bayerischen Staats. Möglicherweise hat Montgelas die Leute in sein Arbeitszimmer geladen und sie dort erst einmal warten lassen. So konnten die Gespräche im Vorfeld mitgehört werden."

Maximilian von Montgelas (1759-1838) bekleidete von 1799 bis 1817 mehrere Ministerposten unter dem Kurfürsten und späteren König von Bayern, Max I. Joseph (1756-1825). Eigentlich war er eher Ministerpräsident aufgrund seiner Bedeutung und der Vielzahl seiner Aufgaben. Montgelas war ein von den Gedanken der Französischen Revolution geprägter Aufklärer. „Er hat Bayern zum Königreich gemacht. Er hat die Verhandlungen mit Napoleon geführt. Er war im Grunde der Architekt des heutigen Bayerns. Er war der Anführer, er war – in Anführungszeichen – der Haupträdelsführer der Säkularisation, hat er doch die Enteignung der Klöster und der Kirchen unter Max I. Josef durchgeführt und vorangetrieben." Christopher Weidner,

Diese Treppe führt heute nirgendwo mehr hin. Doch Christopher Weidner kennt ihr einstiges Ende. Und er weiß: Wer hier einst hinaufstieg, war in geheimer Mission unterwegs!

der Stadtführer, der sich seit vielen Jahren tagtäglich eingehend mit Münchens Geschichte befasst und auch seine Mitarbeiter regelmäßig schult, bezeichnet Montgelas als „Superminister", war er doch Innenminister, Außenminister und Finanzminister. „Man kann sagen, der König war derjenige, der repräsentiert hat, aber Montgelas hat im Hintergrund die Fäden gezogen: Nicht zuletzt geht der Prototyp der bayerischen Verfassung auf sein Konto", sagt Weidner. „Und er hat das Beamtentum komplett neu aufgezogen. Früher wurde man ja Beamter wegen guter Beziehungen. Das bot ein sicheres Auskommen. Hauptsächlich Adelige haben ihre Apanage bekommen, ohne sich anstrengen zu müssen. Er hat aber entschieden, dass ein Beamter nur dann Beamter sein darf, wenn er entsprechende Leistungen bringt." Damit machte Montgelas sich freilich nicht nur Freunde: Viele Aristokraten verloren schließlich ihre Position.

„Er war im Grunde der Architekt des heutigen Bayerns."

„Montgelas ist in ganz engem Zusammenhang mit Max I. Joseph zu sehen", sagt Weidner. „Der bayerische Kurfürst vor Max I. Joseph und der bayerische König nach ihm waren gegen ihn. Montgelas war Mitglied der Freimaurerloge St. Théodore du Bon Conseil in München – und in seiner Jugend war er auch Illuminat gewesen." Bevor er in die Dienste des späteren Königs Max I. Joseph trat, war er Kurfürst Karl Theodor (1724-1799) unterstellt. Und der war ein erklärter Gegner der Illuminaten. Er bekämpfte sie, verbot sie und drohte, sie zu töten. Viele Illuminaten flohen unter seiner Regentschaft. Auch wenn Montgelas seine Zugehörigkeit zu den Illuminaten, lapidar gesprochen, als Jugendsünde abtat, so nahmen die Konflikte doch immer mehr zu. 1787 ersuchte er Karl Theodor daher um seine Entlassung und trat anschließend in die Dienste von Karl II. August (1746-1795), dem Wittelsbacher Herzog aus der Linie Pfalz-Zweibrücken. Da Karl Theodor keine Nachfolger hatte, war klar, dass diese Zweibrückener Linie wohl den Thron erben würde. Und so wurde Montgelas nach dem Tod Karl Theodors im Jahr 1799 mit dem Amtsantritt Max IV. Josephs, dem späteren bayerischen König Max I. Joseph, Außenminister Bayerns. Der stärkte ihm gegen alle Kritiker den Rücken. Nun hatte Montgelas also einen Kurfürsten, der ebenfalls Freimaurer wurde und den aufklärerischen Gedanken weitaus offener gegenüberstand. Unter Max I. Joseph, führt Christopher Weidner aus, habe Montgelas Bayern zu dem gemacht, was es heute ist.

Geheimnisvolle Treppe im Eingangsbereich des Bayerischen Hofs.

Max I. Josephs Nachfolger, König Ludwig I. (1786-1868), war jedoch gegen den Superminister. „Er war im Gegensatz zu seinem Vater ein Franzosenhasser, er hat versucht, die Säkularisation in Teilen wieder rückgängig zu machen, und hat das Katholische wieder rehabilitiert. Er war ein überzeugter Antiaufklärer", schildert Christopher Weidner die Münchner Geschichte unter Ludwig I., unter dem Montgelas im Jahr 1817 schließlich auch entlassen wurde. „Denn Montegelas war ein Kind der Französischen Revolution, wenn man so will. Die hatten es in München schwer, aber es gab sie. Und da ist er natürlich eine Gallionsfigur gewesen." Insgesamt wurde Montgelas unter Karl Theodor seine Zugehörigkeit zum Freimaurertum und den Illuminaten zum Verhängnis und unter Ludwig I. seine Offenheit gegenüber dem aufklärerischen Gedankengut.

Nicht nur Christopher Weidner ist beeindruckt vom Wirken und Handeln Montgelas'. Auch viele Zeitzeugen waren es: Der französische Gesandte in München, Louis Cachet de Montezan (1746-1816), schrieb 1786: „Sein Herz ist der Begeisterung fähig, sein Gesichtskreis ist weit, sein Urteil besonnen. Er liebt mit Hingebung sein Land und sein Herrscherhaus. (…) Er kennt das Land (Bayern) und seine Bewohner, ist voll guten Willens und würde nur darauf bedacht sein, sich verdient zu machen, aber nicht zu verdienen. Das Bewußtsein, zum Erben oder vielleicht zum Erneuerer Bayerns zu gehören, wäre für ihn der höchste Lohn.“ Und der französische Gesandte in München, Florimond Claude Graf von Mercy-Argenteau (1727-1794), erklärte: „Aber ein Mann wie er arbeitet in fünf Stunden mehr als andere in der dreifachen Zeit, und das Geheimniß liegt in dem Übergewicht des Geistes. Der Graf Montgelas ist einer der glücklichst organisirten Köpfe, von ganz vorzüglichem Scharfsinn, großer Besonnenheit und Ideenklarheit oder wenigstens von philosophischem Talent, sich alle Vorkommenheiten zu generalisiren, dabei von festem Gedächtniß, lebhafter Combinationsgabe, Witz, Einbildungskraft, Schlauheit und Vorsicht, von einer sehr glücklichen Darstellungsgabe und von einer Seelenruhe oder einem Gleichmuth der (vielleicht auch um so mehr als die Zukunft des Grafen durch ein großes Vermögen gesichert ist), nicht mehr durch Lob und Tadel, Hoffnungen und Befürchtungen irgend erschüttert werden kann.“ Und der Historiker und Publizist Karl Heinrich von Lang (1764-1835) schließlich schrieb 1842 in seinen Memoiren über Montgelas: „Wirklich hätte auch das Glück dem König nicht leicht einen verständigeren und ergebeneren Diener zuführen können. Er war ein Mann, wie ich mir einen Mazarin oder Richelieu denke. Seinen Plänen, seinen Unterhandlungen, seinem richtigen Ergreifen des Augenblicks hat Baiern seine Erhebung zu einer größeren selbstständigen Macht und selbst den äußerlichen Schmuck einer königlichen Krone zu verdanken (…) Seine Bildung und sein ganzes Äußere waren altfranzösisch.“

„Man kann sagen, der König war derjenige, der repräsentiert hat, aber Montgelas hat im Hintergrund die Fäden gezogen.“

Auch wenn Montgelas später seine Zugehörigkeit zu den Illuminaten als Jugendsünde abtat und erklärte, er habe nicht genau gewusst, was er da eigentlich tat: „Im Grunde hat er den Plan der Illuminaten umgesetzt“, findet Weidner. „Die antiklerikale Kirche. Im großen Stil Reformation des Staats, weg von der Aristokratie. Und er hatte einen König, der Freimaurer war. Deswegen hatte er die volle Unterstützung. Und Montgelas lebte und wirkte ab 1803 eben hier in diesem Haus, in dem sich die geheime Treppe befindet“, spannt Christopher Weidner den Bogen zu Ende. Er wohnte hier mit seiner

Gattin, der lebensfrohen und männerliebenden attraktiven Ernestine Gräfin von Arco. „Man kann sich vorstellen, dass in diesen Räumen wichtige Gespräche stattfanden – schließlich befand sich hier auch das Ministerium der auswärtigen Angelegenheiten." Kein Wunder, dass eine Treppe notwendig war, um wichtige Gespräche mitzuhören. Was der Spitzel in seinem Wandschrank wohl alles mitbekommen hat und was der Umstand, dass es diese Geheimtreppe gab, für eine Auswirkung hatte auf die bayerische Politik?

„Im Grunde hat er den Plan der Illuminaten umgesetzt. Die antiklerikale Kirche. Im großen Stil Reformation des Staats, weg von der Aristokratie."

Manch einer würde wohl gerne mithören, wenn in genau diesem Raum unter Ausschluss der Öffentlichkeit die Münchner Sicherheitskonferenz tagt. Aber den Versuch zu unternehmen, wäre vergeblich. Denn die Treppe führt längst nicht mehr in den Wandschrank. Und auch die Verbindung zum Weinkeller existiert inzwischen nicht mehr. Heimlichen Weinvorrat können sich die Damen und Herren der Sicherheitskonferenz also nicht besorgen. Und das ist ganz bestimmt auch gut so. Denn dazu sind die Themen viel zu ernst.

Eva-Maria Bast

So geht's zur Treppe:

Sie befindet sich im Eingangsbereich des Bayerischen Hofs, Promenadeplatz 2-6.

Gedenktafel

Aufstieg eines Waisenjungen

Es ist die Geschichte einer wunderbaren Rettung, die das Relief zeigt. Da es aber außerordentlich versteckt in einem Hinterhof angebracht ist, muss man schon sehr genau wissen, wo es sich befindet, wenn man es betrachten will. Grit Ranft hat es bei einem ihrer Streifzüge durch die Stadt ausfindig gemacht. Denn ganz bewusst ist sie nicht nur auf den alltäglichen Pfaden unterwegs, sondern auch und gerade in den Gassen, die sich rechts und links der Haupteinkaufs- und -attraktionsstraßen durch München schlängeln. Die Gedenkplatte zeigt das Bild einer totalen Zerstörung. Man sieht Mauerreste, zersplitterte Holzstücke – und Menschen, viele Menschen. Besonders auffallend ist der, der in der Mitte steht und eine ziemlich gönnerhafte Pose einnimmt. „Das ist der damalige Kurfürst Max IV. Joseph, der spätere König Max I. von Bayern", stellt Grit Ranft den Herrscher vor. Außerdem kann man einen Jugendlichen erkennen, der aus den Trümmern getragen wird. 14 Jahre ist dieser Jugendliche alt, wie Grit Ranft weiß, und sie weiß auch, wer er ist: Joseph Fraunhofer (1787-1826).

„Dieser junge Mensch hat es nicht leicht gehabt in seinem Leben", sagt sie. „Er war das elfte Kind eines Glasermeisters in Straubing und wurde schon mit elf oder zwölf Jahren Vollwaise." Dank der Vermittlung seines Vormunds sei er nach München gekommen, um eine Spiegelschleiferlehre anzutreten. „Und zwar genau an diesem Ort, an dem jetzt die Gedenktafel hängt. Denn dort befand sich das Haus des kurfürstlichen Spiegelmachers und Zierratenglasschleifers Philipp Anton Weichselberger." Wirklich Glück habe der junge Mann aber auch hier nicht gehabt: „Er durfte zwar die handwerkliche Lehre machen, aber nicht in die Schule gehen, und die Lehrbedingungen waren sehr schlecht." Und dann schlug das Unglück – das sich jedoch später als Glück erweisen sollte – so richtig zu: 1801 stürzte das Haus ein, wie

Auch wenn die Tafel für Grit Ranft etwas zu hoch hängt, freut sie sich, dass hier an den Physiker erinnert wird. So sehr, dass sie sich zu einem Luftsprung hinreißen lässt.

auf dem Relief zu sehen ist. „Der Grund für den Einsturz ist unbekannt“, sagt Grit Ranft. „Bekannt ist aber, dass einige Menschen in den Trümmern den Tod fanden.“ Der junge Fraunhofer nicht. Und auch nicht die Weichselbergers. „Die Fabrikantenfamilie und der junge Lehrling waren die einzigen, die lebend geborgen werden konnten.“ Unter jenen, die aufgeregt zusammenliefen, um sich ein Bild von dem Unglück zu machen, war auch der junge Kurfürst. Und so wurde er Zeuge, wie der Knabe aus den Trümmern gezogen wurde. „Er war so begeistert und gerührt von dem glücklichen Ausgang, dass er den Jungen ein bisschen unter seine Fittiche nahm und ihn auch finanziell unterstützte“, erzählt Grit Ranft die Geschichte weiter. Der Kurfürst schenkte dem Jungen 18 Dukaten, wovon dieser sich eine Glasschneidemaschine kaufte.

Der Junge, dessen Rettung auf diesem Relief dargestellt ist, sollte einmal sehr bedeutend werden.

Und nun kommt der Techniker, Unternehmer, Volks- und Staatswirt Joseph von Utzschneider (1763-1840) ins Spiel. Auch der ist übrigens, wie Grit Ranft vermutet, auf dem Relief zu finden: Er steht ganz links und hält ein Gerät in der Hand. Seine andere Hand ruht auf einem Mauerstück. Die Münchnerin kennt eine Zeichnung, auf der diese Szene dargestellt und die dem Relief sehr ähnlich ist: Auf der Zeichnung ist er eindeutig zu erkennen. Jedenfalls war Utzschneider bei der Rettung Joseph Fraunhofers ebenfalls anwesend. „Er erkannte, dass sich in dem Jungen ein enormes Talent verbirgt, ermöglichte ihm den Besuch der Sonntagsschule und stattete ihn mit Fachliteratur zum Thema Optik aus.“ Der Autodidakt Joseph Fraunhofer habe die Bücher regelrecht verschlungen. Fünf Jahre später, nach seiner Lehre, trat er schließlich in das Mathematisch-Feinmechanische Institut ein. Dessen Inhaber war Utzschneider, gemeinsam mit Georg Friedrich von Reichenbach (1771-1826) und Joseph Liebherr (1767-1840).

„Deutschland hatte zu jener Zeit großen Bedarf an guten optischen Geräten und einem entsprechenden Fortschritt", erklärt Grit Ranft. „Gute Mess- und optische Geräte stellten die Engländer her, aber spätestens nach 1806 war es unmöglich geworden, diese Geräte aus England zu importieren." Denn in der Seeschlacht bei Trafalgar im Herbst 1805 schlug die britische Flotte unter Admiral Nelson das mit Spanien verbündete Frankreich vernichtend. Und Napoleon reagierte darauf mit der Ende 1806 verhängten Kontinentalsperre, durch die es den Briten unmöglich gemacht wurde, Waren nach Europa zu exportieren. Sie wurde erst nach acht Jahren wieder aufgehoben. Der junge Fraunhofer machte sich in dieser Situation schnell unverzichtbar, zog mit der optischen Werkstätte 1807 nach Benediktbeuren um und wurde 1811 deren Betriebsleiter. „Fraunhofer arbeitete ganz massiv daran, die Qualität der Geräte zu verbessern. Zum Beispiel das Glas: Bevor er zu forschen begann, war es nahezu unmöglich, Glas ohne Schlieren zu produzieren", schildert Grit Ranft. Fraunhofer habe so lange an der Schleiftechnik und der Zusammensetzung des Rohmaterials gearbeitet, bis es ihm gelang, ein schlierenfreies Glas herzustellen. Dazu verhalf ihm seine Entdeckung der nach ihm benannten Fraunhoferschen Linien. Das sind starke, dunkle Absorptionslinien im Sonnenspektrum.

„Deutschland hatte zu jener Zeit großen Bedarf an guten optischen Geräten und einem entsprechenden Fortschritt."

Mit diesen Daten konnte er die Qualität optischer Linsen messen und verbessern. „Er schaffte es, Brillen, Mikroskope, Teleskope und Sonnengläser von enormer Qualität zu entwickeln", erzählt die Münchnerin, die zwar zugibt, wenig von Physik zu verstehen, diese Entdeckungen aber dennoch sehr faszinierend findet. Joseph Fraunhofer stieg weiter auf und wurde 1814 gemeinsam mit Joseph von Utzschneider alleiniger Inhaber des Optischen Instituts.

Vor so viel Erfolg konnte auch die Wissenschaft nicht mehr die Augen verschließen. Auch wenn man die akademischen Nasen kräftig über ihn rümpfte, weil ihm eine fundierte wissenschaftliche Ausbildung fehlte, wurde Fraunhofer schon 1821 als außerordentliches, 1823 als volles Mitglied und Professor des physikalischen Kabinetts in die Bayerische Akademie der Wissenschaften aufgenommen. Noch mehr

Ehre wurde ihm zuteil, als er 1824 in den persönlichen Adelsstand erhoben wurde. Die wichtigen Durchbrüche mit seinen Geräten ereigneten sich jedoch erst nach seinem Tod: Er war noch nicht einmal 40 Jahre alt, als er an Tuberkulose starb. Die ständige Arbeit in der Glashütte hatte seiner Gesundheit arg zugesetzt. Und so bekam er auch nicht mehr mit, dass der Astronom Johann Gottfried Galle (1812-1910) im Jahre 1846 mit einem der von ihm geschaffenen Ferngläser Neptun, den äußersten Planeten des Sonnensystems, entdeckte.

Aber dennoch – was für ein bewegtes Leben! Als Waisenkind nach München gekommen, den Einsturz eines Hauses überlebt, sich selbst eine eigene Welt erschlossen und in dieser dann unglaubliche Erfolge erzielt. „Das Schöne ist, dass er in unserer Stadt durch das nach ihm benannte Fraunhofer-Institut weiterlebt", sagt Grit Ranft. „Sein Leitmotiv war immer: Forschung für die Praxis. Er wollte, dass seine Ergebnisse auch praktische Anwendung finden konnten, weshalb er als Namenspatron für das renommierte Institut bewusst gewählt wurde", erklärt sie. „Obwohl seine persönliche Geschichte etwas in Vergessenheit geriet." Doch an die erinnert ja die Tafel – wenn sie auch versteckt hängt.

Und abgesehen davon: In vielen Städten kann man eine Fraunhofer-Straße entdecken. In München ist sie die Verlängerung der Reichenbachbrücke über die Isar in Richtung Sendlinger Tor.

Eva-Maria Bast

So geht's zur Gedenktafel:

Man erreicht sie, wenn man in der Weinstraße 3 in den Innenhof / die Passage abbiegt. Nach wenigen Metern kann man die Tafel rechterhand an der Hauswand entdecken.

Dr. Brigitte Langer kennt sich im Nymphenburger Schlosspark hervorragend aus. So weiß sie auch, was es mit dem Biberwärterhaus auf sich hat.

42

Biberwärterhaus

Der Schlosspark als Tierparadies

Biber im Nymphenburger Schlosspark? Das klingt zunächst nach einer akuten Bedrohung für den alten Baumbestand und die vielen Kanäle und Seen in der beeindruckenden Grünanlage. Doch tatsächlich erinnert das noch heute erhaltene Biberwärterhaus auf dem Gelände daran, dass den pelzigen Baumfällern im wahrsten Sinne des Wortes der Hof gemacht wurde.

„Offenbar hat Kurfürst Max III. Joseph von Bayern die schon damals eher seltenen Biber Mitte des 18. Jahrhunderts aus naturkundlichem Interesse und zur Belustigung der Hofgesellschaft nach Nymphenburg bringen lassen", erklärt Dr. Brigitte Langer von der Bayerischen Verwaltung der staatlichen Schlösser, Gärten und Seen. Der sogenannte „Biberbau" sei 1754 östlich des Grünen Brunnhauses im Schlosspark entstanden, zunächst mit zwei, später mit drei gemauerten Wasserbecken von rund 1,50 Meter Tiefe. „Sie hatten eine Gesamtlänge von 70 Schuh, mit Einfriedung 84 Schuh, also rund 21 bzw. 25,5 Metern", rechnet die Nymphenburg-Referentin vor. Dass der Einzug der Biber in Nymphenburg von Bedeutung war, zeigt die Grundsteinlegung, die am 7. März 1754 mit immerhin 20 Personen stattfand.

„Offenbar hat Kurfürst Max III. Joseph von Bayern die schon damals eher seltenen Biber Mitte des 18. Jahrhunderts aus naturkundlichem Interesse und zur Belustigung der Hofgesellschaft nach Nymphenburg bringen lassen."

Von da an lebten immer mehrere Biber in dem Gehege, zumindest aber ein Paar. 1755 notierte der Nymphenburger Bauschreiber Charles Balistier in seinem Tagebuch: „Den 5. July haben die Biber das erste Mal ein Junges bekomen." Weil die Tiere sich aber nicht frei bewegen, Bäume fällen und Nahrung suchen konnten, brauchten sie jemanden, der sich um sie kümmerte. Deshalb ließ der Kurfürst um 1762 einen langgestreckten eingeschossigen Bau mit Satteldach errichten, in den der Biberwärter einzog. „Außerdem wurde ein eigenes Weidenwäldchen hinter der Kaskade außerhalb der Parkmauer angelegt, um frisch geschnittene Weidenruten und Rinden verfüttern zu können", erklärt Brigitte Langer.

Nicht nur die Biber hielten unter Kurfürst Max III. Joseph von Bayern (1727-1777) Einzug auf dem Gelände: In der Nähe ihres Geheges entstand an der Schlossmauer eine Menagerie für Goldfasane, und ab 1757 stand im Kabinettsgarten vor den kurfürstlichen Wohnräumen ein repräsentatives „Canarihaus" für exotische Vögel. König Max I. Joseph (1756-1825) erweiterte die Menagerie später zu einem kleinen Tiergarten.

Seit die Biber im Nymphenburger Schlosspark eingezogen waren, gab es dort immer etwas zu sehen und zu lachen. Bestand das Publikum zunächst aus der höfischen Gesellschaft, kamen ab 1792 nach der Öffnung des Parks für die Öffentlichkeit Schaulustige aus dem Volk dazu. Carl August Sckell (1793-1840), Gartenarchitekt und bayerischer Hofgarten-Intendant, hielt seine Begeisterung für die Pelztiere in seinem Buch über Nymphenburg fest: „Von Zeit zu Zeit gehen sie durch gemauerte Gängchen in das darneben befindliche Bassin, schwimmen und tauchen im Wasser mit einer bewunderungswürdigen Fertigkeit, wobey ihnen ihr breiter, ruderähnlicher Schweif als Steuerruder sehr zu statten kommt.“ Sckell erwähnt auch den Biberwärter, der die Tiere den Schaulustigen zeige.

Doch waren die Biber wirklich nur zur Belustigung da? „Der Anblick dieser Thiere, welche uns ein kostbares Pelzwerk und den in der Medicin so sehr geschätzten Bibergeil liefern, deren Schweif auch als köstlicher Leckerbissen gegessen wird, dürfte für Jedermann Interesse gewähren, da man lebende Biber selten zu Gesichte bekommt“, schreibt Sckell weiter. Es ist jedoch nicht überliefert, ob in Nymphenburg mit der Biberhaltung tatsächlich noch ein Jagd- oder Nutzgedanke verbunden war oder ob die Tiere als Fastenspeise verwendet wurden, so Brigitte Langer. Das Konstanzer Konzil, das von 1414 bis 1418 tagte, hatte festgelegt, dass der Biber, weil er vorwiegend im Wasser lebt und sein schuppiger Schwanz an einen Fisch erinnert, auch in der eigentlich fleischlosen Fastenzeit vor Ostern verspeist werden durfte.

Dass den Bibern in Nymphenburg dieses Schicksal wohl erspart blieb, lässt sich auch an dem Bericht eines Wärters ablesen, der 1837 erklärte, einer der Biber würde seit 33 Jahren, einer seit 35 Jahren im Gehege leben. Der letzte Biber im Nymphenburger Gehege starb 1857 und wurde nicht mehr ersetzt. Die Bassins gibt es nicht mehr, aber das Haus des Biberwärters steht noch immer im idyllischen Dörfchen mitten im Schlosspark. Jemanden, der sich um ihn kümmert, braucht der einzige wild lebende Biber, der sich die Gartenanlage vor wenigen Jahren als Heimat ausgesucht hat, jedoch nicht.

Heike Thissen

So geht's zum Biberwärterhaus:

Das Biberwärterhaus gehört zum Ensemble des Dörfchens im Schlosspark Nymphenburg westlich des Schlosses.

Zwei Hansekoggen mitten in München? Nur, wer am Kaufhaus Oberpollinger ganz nach oben aufs Dach blickt, kann sie erkennen.

43

Hansekoggen

Hamburger Originale mitten in der Innenstadt

Martin Arz gehört zu den Menschen, die gern nach oben gucken. Es liegt an seinem Interesse für die Stadt, in der er lebt, dass er auf ihre Besonderheiten achtet – ob sie nun unten am Boden liegen oder sich oben in luftiger Höhe befinden und entsprechend gern übersehen werden. Und so ist ihm aufgefallen, dass auf einem Dach mitten in der Münchner

Innenstadt zwei Hansekoggen thronen. Die wenigsten der täglich vielen Tausend Passanten in der Fußgängerzone bemerken sie, denn es handelt sich um Miniaturausgaben, die auf dem Dach des Kaufhauses Oberpollinger angebracht sind. „Wenn ich zwei hanseatische Handelsschiffe in Bayern entdecke, frage ich mich natürlich, was sie hier eigentlich zu suchen haben, egal, wie klein sie sind", sagt der Autor, der auch als Gästeführer arbeitet. Die Antwort auf die Frage hat er längst gefunden: „Die beiden Schiffe erzählen von den Anfängen des bekannten Münchner Kaufhauses", sagt Arz.

„Wenn ich zwei hanseatische Handelsschiffe in Bayern entdecke, frage ich mich natürlich, was sie hier eigentlich zu suchen haben."

Wie Oberpollinger zu seinem Namen kam, ist eine lange Geschichte: An der Stelle des heutigen Kaufhauses stand mehrere Jahrhunderte lang ein Wirtshaus mit Brauerei. Seit 1589 war es im Besitz der alteingesessenen Brauereidynastie Pollinger, wie auch eine Brauerei am Anger in der Nähe der Sendlinger Straße. Für die Münchner war schnell klar: Erstere war der „Obere Pollinger", letztere der „Untere Pollinger". „So ist der Name überhaupt erst entstanden", erklärt Arz. Aus der kleinen Brauerei mit Gasthaus wurde Ende des 19. Jahrhunderts das Hotel „Oberpollinger". Es lief allerdings so schlecht, dass es erst mehrfach verkauft und 1902 schließlich zwangsversteigert werden musste und abgerissen wurde. Das machte den Weg frei für das Kaufhaus.

Es ist die hanseatische Kaufmannsfamilie Emden & Söhne, die die große weite Welt der Luxus- und Konsumgüter nach München bringt – und mit ihr auch die beiden Hansekoggen. Denn um ein Zeichen ihrer Herkunft zu setzen, lassen die Bauherren nicht nur die Fassade im Stil der Hamburger Kontorhäuser gestalten, sondern auch die Schiffe auf den beiden äußeren der drei Giebel des Hauses anbringen. In der Mitte thront seit damals die Hammonia, eine allegorische Frauenfigur, die die Stadt Hamburg repräsentiert. „Die Koggen haben die Kaufleute in den Hansestädten schon vor vielen Jahrhunderten für den Handel genutzt. Genau genommen ist es diesen Schiffen zu verdanken, dass die Hansestädte überhaupt so erfolgreich sein und Handel über die Ost- und Nordsee betreiben konnten", ordnet Martin Arz die

Bedeutung der Schiffe ein. Es ist also durchaus ein starkes Zeichen, das die Familie Emden damals in der bayerischen Metropole – weitab von Nord- und Ostsee – setzt. Weitere außergewöhnliche Besonderheiten darf das Gebäude aber nicht aufweisen: Architekt Max Littmann (1862-1931), der auch das Hofbräuhaus entworfen hat, muss streng darauf achten, dass das Haus nicht aus der angrenzenden Bebauung heraussticht. Mehr als einmal widersprechen die zuständigen Behörden bei der Stadt seinen Plänen.

So nah und doch so fern: Die Hansekoggen sind auf dem Dach des Kaufhauses Oberpollinger angebracht.

Aber schließlich kann innerhalb von 22 Monaten Bauzeit doch ein luxuriöser Warentempel entstehen, der seinesgleichen sucht: Das Kaufhaus Oberpollinger besteht aus vier Etagen mit Verkaufsflächen plus einem Stockwerk für die Verwaltung und einem Keller mit Personalgarderoben, Lager- und Ladeflächen. Das Haus verfügt über einen glasüberdachten Lichthof und Aufzüge, außerdem über eine eigene Zweigstation der Elektrizitätswerke, um den Energieverbrauch zu decken.

Als Familie Emden ihr Kaufhaus Oberpollinger am 14. März 1905 morgens um 8 Uhr eröffnet, hat München eine neue Besucherattraktion. „Die Auswahl an feinen Waren, dazu ein behagliches Teezimmer, ein elegantes Reisebüro und öffentliche Telefonkabinen ziehen die Kundschaft magnetisch an“, beschreibt eine Festschrift 100 Jahre später die ersten Monate des neuen Kaufhauses.

Doch nicht alle sind rundum begeistert: In der Stadtchronik ist vom Eröffnungstag überliefert, dass der Allgemeine Gewerbeverein München ein Flugblatt verteilen ließ, „in dem er vor den neuen Einkaufstempeln warnte, die zur ‚Vernichtung zahlloser Einzelexistenzen‘ und ‚Vermehrung von Konkursen‘ beitrügen, durch ‚maßlose Reklame‘ das Publikum blendeten und durch ‚prunkvolle Ausstellung‘ das Urteil über die Qualität der Waren erschwerten.“ Diese Bedenken teilten jedoch die wenigsten.

„Der Oberpollinger war von Anfang an erfolgreich und bei Münchnern und Besuchern sehr beliebt“, bestätigt Martin Arz. Als Emden & Söhne 1927 das Unternehmen verkaufen, steht der nächste Besitzer schon parat, der ebenfalls Erfolgsgeschichte schreiben wird: Rudolph Karstadt (1856-1944). Er bezahlt drei Millionen Reichsmark und revolutioniert das Einkaufen. War es bis dahin nämlich noch üblich, mit dem Verkäufer um den Preis zu feilschen und anschreiben zu lassen, besteht Karstadt auf Festpreisen und Barzahlung. Der Laden brummt.

Martin Arz gehört zu denen, die wissen, wo sich die Zeichen hanseatischer Kaufmannstradition befinden.

Doch wenig später sagen die Nationalsozialisten den Kaufhäusern den Kampf an. In der NS-Ideologie werden sie als Prototypen „wurzellosen kapitalistischen Gewinnstrebens“ gebrandmarkt, die boykottiert werden sollen. Die Luftangriffe des Zweiten Weltkriegs tun ihr Übriges: Mehrere Bomben haben das Gebäude bereits getroffen und beschädigt, als das Haus in der Nacht vom 7. auf den 8. Januar 1945 schließlich komplett ausbrennt – doch die Hansekoggen bleiben auf den Trümmern stehen. Es dauert bis 1954, bis alles wieder aufgebaut ist und der Oberpollinger zum alten Glanz zurückgefunden hat, der bis heute anhält. „Und all die Jahre haben die Hansekoggen die wechselvolle Geschichte des Hauses überdauert“, freut sich Martin Arz und schaut nach oben.

Heike Thissen

So geht's zu den Hansekoggen:

Die beiden Schiffe zieren das Dach des Kaufhauses Oberpollinger in der Neuhauser Straße 18.

VON MATTHIAS GASTEIGER

Brunnenbuberl

München im Zeichen des Feigenblatts

Man muss ihn im Winter besuchen. Dann kann er etwas menschliche Wärme vertragen. Steht er doch da an seinem Eck, und je kälter es wird, desto mehr wächst der Eisberg auf ihm! Schließlich befindet sich der kleine tapfere Bub (wobei er so klein gar nicht ist, die Passanten überragt er deutlich) auf einem der wenigen Brunnen, die ihren Dienst auch im Winter tun. Tag für Tag spuckt er Wasser aus seinem Mund – das sich um ihn herum in lauter Eiszapfen verwandelt. Georg Reichlmayr, dem man in München nachsagt, er würde alles wissen, weiß *auch*, dass das Brunnenbuberl Kummer gewohnt ist. Wenn's nicht gerade Eiszapfen sind, ist (oder war) es heftige Empörung, die ihm entgegenschlug. Man wollte ihn nicht sehen und versteckte ihn neben einem Klohäuschen, was dann aber auch wieder zu Protest führte.

Und so geht die bewegte Geschichte des kleinen großes Mannes: „Vor gut 100 Jahren wurde in Bayern wie im gesamten Deutschen Reich über die sogenannte Lex Heinze heftig diskutiert. Die Berliner Gesetzesvorlage war benannt nach einem Zuhälter, Gotthilf Heinze, dessen Name für Unsittlichkeit im weitesten Sinne stand", erzählt Georg Reichlmayr. Ziel des Gesetzes war es, „unsittliche" Handlungen in Kunstwerken, Literatur und Theateraufführungen zu unterbinden, mithin auch alle Nacktheit oder Erotik in der Kunst. Künstler und Intellektuelle Deutschlands, allen voran die „freien Geister der Schwabinger Bohème", aber auch etliche Sozialdemokraten und zahlreiche Reichstagsabgeordnete drückten in Spott und Hohn ihre Empörung über diese Prüderie aus. „Unzählige Satiren und Karikaturen erschienen, insbesondere in der Schwabinger Zeitschrift *Simplicissimus*, deren Redakteur, Ludwig Thoma, erklärter und besonders streitbarer Gegner der verschärften Moralgesetzgebung war", erzählt Reichlmayer amüsiert. Die langanhaltende Diskussion über eine Verschärfung der Sittengesetze habe dazu geführt, „dass bald das gesamte Deutsche Reich im Zeichen des Feigen-

Im Winter ist das Brunnenbüberl von Eiszapfen umgeben.

blattes stand“, wie Reichelmayr es ausdrückt. Getrieben von „kirchlichen Eiferern“ habe man Anstoß genommen an der „wallenden Brust“ des Friedensengels, an Renaissancegemälden Albrecht Dürers und Lucas Cranachs in der Alten Pinakothek und an allen antiken Figuren der Glyptothek. Bayerns Justizminister, ab 1887 Freiherr Leopold von Leonrod (1829-1905), der als erster Vertreter seines Amtes den Neubau des Bayerischen Justizpalastes bezog, kam die Diskussion gerade recht: „Er war ein besonders engagierter Verfechter der Moralgesetzgebung“, sagt Reichlmayr. 1892 brachte er im Bundesrat einen Antrag ein, der es ermöglichen sollte, gegen jedwede Darstellung vorzugehen, „die das Schamgefühl gröblich verletzen“ könnte.

Georg Reichlmayr weiß, dass diese Brunnenfigur in München einst für jede Menge Emotionen sorgte: Empörung auf der einen und Belustigung auf der anderen Seite.

Und nun kommt das Brunnenbuberl ins Spiel: Denn Freiherr von Leonrod blickte von seinem Ministerzimmer auf den Stachus und damit genau auf eine Brunnenfigur, die seinem strengmoralischen Blick freilich in keinster Weise standzuhalten vermochte. Denn die Skulptur zeigt einen nackten Knaben vor der Herme eines Satyrs. Während der Knabe spielerisch versucht, das Brunnenrohr an der Herme zuzuhalten, spritzt aus dem Mund des Satyrs ein Wasserstrahl direkt auf den Kopf des Jünglings. Das Brunnenbuberl, das der erst 21-jährige Mathias Gasteiger (1871-1934) aus Stein und Bronze geschaffen hatte, zählte daher sehr bald zu den „unzüchtigen Abbildungen“, zitiert Reichlmayr Paragraf 184 des damals gültigen Reichsstrafgesetzbuchs. Dabei war die Figur in eben diesem Jahr, 1892, auf der Internationalen Kunstausstellung im Münchner Glaspalast mit großem Erfolg der Öffentlichkeit gezeigt und anschließend auf zahlreichen europäischen Ausstellungen präsentiert worden! Das Brunnenbuberl fand in Wien gar das „besondere Wohlgefallen“ des österreichischen Erzherzogs. Nur in seiner Heimatstadt, der der Künstler das Originalbuberl schenkte, erregte der nackte Knabe Anstoß bei den Sittenwächtern. „Man überlegte fieberhaft, was man mit der unschicklichen Figur machen sollte, und entschied sich, sie wenigstens sehr versteckt aufzustellen", schildert Georg Reichlmayr die beabsichtigte Lösung des Problems. „Man wies ihm einen Platz in der kleinen Grünanlage am Stachus nahe einem Toilettenhäuschen zu." Das jedoch gefiel der Geistlichkeit der nahegelegenen evangelischen Pfarrkirche St. Matthäus in der Sonnenstraße nicht, der katholische Klerus und die Sittlichkeitsvereine schlossen sich dem Protest an. Schließlich erschien sogar Münchens Polizeidirektor „in höchst eigener Person" bei Künstler Gasteiger, der jedoch keine Änderungen an der Figur vornahm: Ein Feigenblatt vor der Blöße des Knaben wollte er nicht. Viele Münchner zeigten sich indes gar nicht so prüde wie ihre Obrigkeit – im Gegenteil erheiterte die Debatte das Volk eher und veranlasste allerlei spöttische Kommentare.

Spott-Postkarten und Karikaturen wurden produziert, vor allem im *Simplicissimus*. „Die Landtagsdebatten erreichten unfreiwillig Kabarettniveau", schmunzelt Georg Reichlmayr. „Die Familie Gasteiger führte inzwischen ein ungezwungenes Künstlerleben am Ammersee und empfing dort die Mitarbeiter und Künstler des *Simplicissimus* und der Münchner Künstlervereinigung Die Scholle."

Und das Brunnenbuberl? Wie kam es an seinen heutigen Standort? „Es wurde bei der Umgestaltung des Stachus eingelagert und 1971 nahe des Karlsplatz aufgebaut, wo es seither ein beliebter Treffpunkt ist, ohne Anstoß zu erregen." Wenn aber der Winter ein besonders garstiger ist, so garstig wie seinerzeit die Sittenwächter, dann kann es durchaus sein, dass er vor lauter Moral Eiszapfen um die Attribute der Männlichkeit des Brunnenbuberls und den Satyr wachsen lässt. In solchen kalten Wintern kann dann auch der einstige Bayerische Justizminister von seiner Wolke aus einen Blick in die Landeshauptstadt wagen, ohne vor Scham und Empörung erröten zu müssen.

Eva-Maria Bast

So geht's zum Brunnenbuberl:

Es steht unweit des Stachus in der Fußgängerzone „Neuhauser Straße" vor dem Gebäude mit der Hausnummer 20.

SVB TVV PRÆ
SIDIVM CONFVGIMVS
QVO SECVRE
M·DC·XVI
BOIARIÆ

Patrona Bavariae

Eine Marienfigur mit besonderer Geschichte

Was für eine Symbolik! Die Patrona Bavariae, Beschützerin Münchens, trägt Herrschaftsinsignien – Zepter und Krone – die einer Legende zufolge aus einem eingeschmolzenen NS-Denkmal angefertigt worden sein sollen. „Wenn man sich überlegt, was der Nationalsozialismus in München für eine Rolle gespielt hat, dann wäre das ein ungeheuer bedeutsames und berührendes Zeichen", sagt Cathérine Fischer. „Nur kaum jemand kennt die Legende der Reichsinsignien, die Maria heute trägt."

Doch von Anfang an: Die Patrona Bavariae, was auf deutsch „Beschützerin Bayerns" bedeutet, wurde 1614 von Maximilian I. (1573-1651) in Auftrag gegeben. Der rechte Fuß der Gottesmutter ruht auf einer Mondsichel. Das Zepter hält sie in ihrer Linken, im rechten Arm trägt sie das Jesuskind und dieses wiederum den Reichsapfel. Über ihrem Haupt leuchten zwölf Sterne, die ein Symbol für die zwölf Stämme Israels sind. Es handelt sich hierbei um eine sehr alte Art der Mariendarstellung, die auf die Offenbarung des Johannes zurückgeht: „Und es erschien ein großes Zeichen im Himmel: ein Weib, mit der Sonne bekleidet, und der Mond unter ihren Füßen und auf ihrem Haupt eine Krone von zwölf Sternen" (Offb. Kap.12, V.1). Für den Münchner Entwurf zeichnete Hans Krumpper (1570-1634) verantwortlich, gegossen hat Bartolomäus Wenglein (gest.1639). „Maximilian I. war ein großer Marienverehrer", sagt die Münchnerin. Oberhalb des gesprengten Dreiecksgiebels ließ er auf einem von zwei Putten gehaltenen ovalen Schild den Satz anbringen, der die Bedeutung der Figur hervorheben und klarmachen sollte: *SUB TUUM PRAESIDIUM CONFUGIMUS, SUB QUO SECURE LAETIQUE DEGIMUS.* Zu Deutsch: „Unter deinen Schutz fliehen wir, unter dem wir froh und sicher leben." In der Mitte des Sockels befindet sich eine Tafel mit der Inschrift *PATRONA BOIARIAE.*

Drei Jahrhunderte strahlte die Marienfigur über der Stadt. Den Dreißigjährigen Krieg (1618-1648) überstand sie unbeschadet. 300 Jahre später kam der Erste Weltkrieg: „König Ludwig III. führte Maxi-

Die Patrona Bavariae ist von 1616, aber ihre Herrschaftsinsignien sind weit jünger – und von besonderer Bedeutung!

milians Marienkult weiter, indem er Papst Benedikt XV. bat, Maria auch von der Kirche aus als Schutzpatronin Bayerns anerkennen zu lassen", erzählt Cathérine Fischer. „1916 wurde seine Bitte gewährt – Maria wurde Patrona Bavariae, also Herrin, Mutter und Schutzpatronin Bayerns."

Für Cathérine Fischer ist die Patrona Bavariae ein ganz besonderes Mahnmal geworden.

Dann kam der Zweite Weltkrieg. „Während die Stadt in Stücke fiel, schlummerte die Patrona Bavariae in der Residenz unter der Kaisertreppe." Dort war die Figur einigermaßen, aber eben nicht ganz geschützt: Am 26. April 1944 stürzte das Gewölbe des Theatinergangs ein und riss die Fassade der Residenz am Odeonsplatz mit. Dabei wurde die Marienfigur beschädigt. Am 26. Juli 1945 wurde sie aus den Trümmern ausgegraben, aber dabei gingen die Insignien verloren.

Doch das Mahnmal, das die Nazis zur Erinnerung an den fehlgeschlagenen Hitlerputsch 1923 an der gegenüberliegenden Feldherrnhalle hatten anbringen lassen, hatte den Krieg überstanden. Hier setzt die Legende ein: Dieses sei eingeschmolzen und die fehlenden Insignien, Zepter, Krone und Sternenkranz, daraus nachgegossen worden. Das gäbe der Patrona eine besondere Bedeutung. „Für mich ist die Figur zum Mahnmal geworden, auch wenn die Legende vielleicht nicht stimmt", sagt die Gästeführerin.

Das ewige Licht, das in einer bronzenen Laterne brennt, verstärke die Botschaft noch. Es leuchtet seit 1616 Tag und Nacht. Außer während des Nationalsozialismus. Da war auch das ewige Licht (vorübergehend) verloschen.

Eva-Maria Bast

So geht's zur Patrona Bavariae:

Man findet die Patrona Bavariae an der Westfassade der Münchner Residenz in der Residenzstraße 1 über der Hofapotheke.

Auch hinter Kellerfenstern wie dem in der Hackenstraße kann ein spannendes Geheimnis stecken.

46

Kellerfenster

Die Öfen brauchten hohe Räume

Selbst Kellerfenster können ungemein spannend sein! Denn hinter ihnen steckt manchmal eine ausgesprochen faszinierende Geschichte. Die der Kellerfenster in der Hackenstraße Ecke Hotterstraße kann Dr. Wolfgang Burgmair, Mitarbeiter am Max-Planck-Institut, erzählen, der ein großes Interesse für München, seine Gebäude und deren Geschichten entwickelt hat. Er schlägt einen weiten Bogen und beginnt mit der ersten urkundlichen Erwähnung des Grundstücks im Jahr 1570.

„Damals wurde es als Garten im Eigentum des Münchner Patriziers Andre Ligsalz, Handelsmann und Mitglied des Innern Rats, erstmals urkundlich erwähnt.“ Nach vielen Besitzerwechseln kamen 1804 endlich die aus seiner Sicht so interessanten Kellerfenster ins Spiel: Damals kaufte Hafnermeister Josef Mittermayr (1768-1844), Chef der im 17. Jahrhundert gegründeten gleichnamigen Ofenbaufirma, das Anwesen. Bis 1972 blieb es im Besitz der Familie. „Das war eine Hafner- und Ofenbauerfamilie, die ab 1880 Kachelöfen für Schloss Neuschwanstein und andere bayerische Königsschlösser lieferte", lässt er wissen. „Neben Kachelöfen stellte die Firma auch Keramikwaren her und belieferte ab 1840 die Akademie der Bildenden Künste in München mit Terrakotta und feinem Ton für die Bildhauerateliers." Die kleinteiligen Vorgängerbauten seien in den Jahren 1892/93 abgebrochen und ein Gebäude mit Brennöfen, acht Geschäften und zwölf Wohnungen gebaut worden.

Dr. Wolfgang Burgmair hat sich mit vielen Häusern in München und ihrer Geschichte ausgiebig beschäftigt.

Jetzt kommt's: „Die heutigen Kellerfenster waren damals überhaupt keine Fenster, sondern Zugänge zum Tonmagazin und zu den Brennöfen, die sich im Keller befanden", erzählt der Münchner. Weil Brennöfen wegen ihrer Hitze auch eine große Raumhöhe benötigten, seien die Keller ausgesprochen hoch gebaut worden, was man immer noch erkennen kann. „Wenn man das im Haus beheimatete Geschäft besucht, kann man sich im Untergeschoss von der beeindruckenden Raumhöhe überzeugen", sagt der Mitarbeiter des Max-Planck-Instituts. „Diese Höhe weisen die Kellerräume zur Hotterstraße hin auf. Im hinteren, östlichen Bereich finden sich heute noch kleine Durchgänge, die einst zu den Brennöfen führten."

Der Firmensitz in der Hackenstraße wurde im Zweiten Weltkrieg durch Brandbomben schwer in Mitleidenschaft gezogen. 1949 sanierte man das Haus und die Ofenbaufirma wurde wieder in Betrieb genommen. „Die Firma war nach wie vor gut im Geschäft", schildert Burgmair die Entwicklung des Unternehmens. „Früher hat sie für die Bayerischen Königsschlösser produziert, später, in den 1950er-Jahren, ließ Bundespräsident Theodor Heuss sich von der

Firma einen offenen Kamin in sein Privathaus einbauen." Doch schon kurz darauf, im Jahr 1957, musste das Unternehmen aufgeben.

Das in den Folgejahren mehrfach weiterverkaufte Gebäude ist heute ein Wohn- und Geschäftshaus. An den Kellerfenstern kommen täglich Hunderte Menschen vorbei. Wie viele von ihnen beim Passieren des Gebäudes wohl an Tonmagazine und Brennöfen denken? Wolfgang Burgmair tut es – aber er denkt nicht nur an Keramiken und Öfen, sondern auch an Biergärten und Kinderkarusselle: Im 19. Jahrhundert habe sich Familie Mittermayr durch Heirat mit der Gastwirtsfamilie Betz in Bogenhausen verbunden. „Die im Biedermeier berühmte Wirtschaft Betz'scher Garten an der Ismaningerstraße, dem späteren Areal der Pharma-Firma Togal, war für die Münchner Kinder wegen ihres Karussells eine Attraktion", erzählt er. „Die hölzernen Reittiere und zwei Kutschen dieses Karussells befinden sich heute im Münchner Stadtmuseum." Und der schriftliche Nachlass des 2002 verstorbenen letzten Geschäftsinhabers der Hafnerei Mittermayr, die nahezu 300 Jahre lang exklusive Kachelöfen hergestellt hatte, liegt inzwischen beim Bayerischen Wirtschaftsarchiv.

„Die heutigen Kellerfenster waren damals überhaupt keine Fenster, sondern Zugänge zum Tonmagazin und zu den Brennöfen, die sich im Keller befanden."

Eva-Maria Bast

So geht's zu den Kellerfenstern:

Sie befinden sich in dem Wohn- und Geschäftshaus Hackenstraße / Ecke Hotterstraße.

Todesengel

Im Jenseits warten Ruhe und Frieden

Dieses Grabmal auf dem Alten Nordfriedhof zieht Passanten sofort in seinen Bann, so wunderschön ist es. Da sitzt eine junge Frau mit einem Säugling. Er kuschelt sich vertrauensvoll an sie, während sie sich liebevoll über ihn neigt. Mutter und Kind, friedlich spielend? Würden die beiden nicht auf einem Sarkophag sitzen und hätte die Frau nicht einen Palmzweig in der Hand, läge dieser Gedanke tatsächlich nahe! „Bei der Frau handelt es sich aber um den Todesengel, der das gerade gestorbene Kind zu sich holt", erklärt Christopher Weidner.

Die Szene, die hier dargestellt sei, habe nichts gemein mit den sonst weit verbreiteten Darstellungen des dunklen Todesengels, in denen er eine Kapuze trägt und sein Gesicht verhüllt. „Vielmehr hat dieser hier etwas Mütterliches, Beschützendes und vermittelt den Eindruck, dass das Kind bei ihm in guter Obhut ist", sagt der Stadtführer. Genau das, nämlich dass seine Kinder es gut haben bei diesem Engel, mag Bildhauer Michael Wagmüller (1839-1881) gehofft haben, als er das marmorne Grabmal schuf. Denn er entwarf es für seine Töchter Michaelina (1873-1875) und Gabriella Elisa Martha (1875-1876), die beide noch als Säuglinge starben. Auf ihrer letzten Ruhestätte sollte die Plastik zu stehen kommen. Doch als das Kunstwerk endlich fertig war, lagen dort nicht nur die Kinder, sondern auch ihr Vater begraben.

Michael Wagmüller war gelernter Steinmetz und Schüler der Münchner Akademie der Bildenden Künste. Nach schwierigen Anfangsjahren wurde er einer der bedeutendsten Bildhauer unter den bayerischen Königen Maximilian II. (1811-1864) und Ludwig II. (1845-1886). Letzterer war in den erfolgreichen Jahren seines Schaffens sein Hauptauftraggeber. Der Künstler schuf für den Monarchen neben zahlreichen Fassadenfiguren für Schloss Herrenchiemsee auch Zinkguss-Brunnen und -Fontänen für den Schlossgarten Linderhof. Dass er die Vollendung seines persönlichsten Werkes, des Grabmals

Christopher Weidner ist vom Grabmal der Familie Wagmüller jedesmal aufs Neue berührt.

für seine Kinder, nicht mehr erleben sollte, lag am frühen Tod Wagmüllers im Alter von 42 Jahren.

„Zur Zeit Wagmüllers war die Frage danach, wie wohl das Jenseits aussieht, ein wichtiges Thema", führt Christopher Weidner aus. Im Fall des Todesengels auf seinem Grab, der in der Literatur auch mehrmals als Friedensengel bezeichnet wird, verspricht das Leben nach dem Tod Ruhe, Geborgenheit und Frieden. Gut möglich, dass der trauernde Künstler mit seiner Darstellung nicht nur die eigenen Angehörigen und sich selbst trösten wollte, sondern all jene, die ein Kind verloren haben. Sonst hätte er ja nicht ein, sondern zwei Kinder darstellen müssen und hätte den Figuren zudem individuelle Züge verleihen können. Für ihn als Meister seines Fachs wäre das eine leichte Aufgabe gewesen. Hyacinth Holland, ein Biograf Wagmüllers, findet für das Grabmal passende Worte: „Die rührende Gestalt eines am Sarkophage sitzenden Friedensengels, der ein eben entschlafenes Kind in milder Liebe in die Arme" bette, sei „die edelste Personification der Trauer und der erlösenden Versöhnung des Todes, voll Ruhe, Hoheit und Schönheit".

Was aussieht wie eine liebevolle Mutter mit ihrem Baby ist tatsächlich der Todesengel mit einem verstorbenen Kind.

Der Palmwedel, den der Engel in seiner Hand hält, liegt vor den beiden. Christopher Weidner weiß, wie er zu interpretieren ist: „Er steht in der christlichen Symbolik für das ewige Leben und die Überwindung des Todes. Deshalb ist er auch auf so vielen Gräbern zu sehen." Auf der Tafel, die der Todesengel mit der linken Hand hält, sollte eigentlich in Kapitalbuchstaben zu lesen sein: *MICHAELA, GABRIELA* und *WAGMVELLER*, sowie *MDCCCLXXVI*. Doch weil Wagmüller starb, bevor das Grabmal vollendet war, wurde die Inschrift geändert: Die Namen seiner Töchter wurden ohne Jahreszahl nach unten versetzt, damit über ihnen die Lebensdaten ihres Vaters Platz hatten. Später folgten die Daten seiner Frau und weiterer Kinder, sodass die Inschrift inzwischen lautet: *Michael Wagmüller / Bildhauer u. kgl. Professor / geb. 14.4.1839, gest. 26.12.1881. / Ihm gingen voran seine Kinder / Michaela und Gabriela. / Therese Wagmüller / geb. 1.12.1839, gest. 14.4.1917. /*

Fanny Wagmüller / geb. 4.8.1880, gest. 2.6.1920. / Magnus Wagmüller / geb. 6.9.1876, gest. 16.12.1945. / Zum Gedenken.

Michael Wagmüller modellierte den Todesengel mit Säugling auf dem Sarkophag im Jahr 1876, nachdem mit Gabriela auch sein zweites Kind wenige Monate nach seiner Geburt gestorben war. Dass der trauernde Vater seine Schaffenskunst und sein ganzes Können in dieses Werk steckte, blieb nicht unbeachtet. Als das Modell 1878 auf der Weltausstellung in Paris gezeigt wurde, avancierte es zu einem der am meisten beachteten Ausstellungsstücke. Dass er dafür mit dem Kreuz der Ehrenlegion geehrt wurde, dürfte nur ein schwacher Trost gewesen sein angesichts des traurigen Grundes für sein Meisterwerk.

„Vielmehr hat dieser Todesengel etwas Mütterliches, Beschützendes und vermittelt den Eindruck, dass das Kind bei ihm in guter Obhut ist."

In den Jahren des Zweiten Weltkriegs sollte das Grabmal eigentlich in ein Museum überführt werden, blieb aber doch auf dem Friedhof stehen. Als dieser in eine Parkanlage umgewandelt wurde, war es von 1945 bis 1962 auf dem Münchner Waldfriedhof auf dem Grab von Wagmüllers Sohn Magnus zu finden. Erst als das Grabnutzungsrecht dort 1960 auslief, ging das Grabmal ins Eigentum der Stadt München über, die es wieder auf den Alten Nordfriedhof und an seinen ursprünglichen Standort zurückbringen ließ.

Wie viele der Eltern, die auf dem ehemaligen Friedhof mit ihren Kindern spazieren gehen, wissen wohl, was es mit der wunderschönen Plastik auf sich hat?

Heike Thissen

So geht's zum Todesengel:

Das Grab der Familie Wagmüller mit dem Todesengel steht auf dem Alten Nordfriedhof in der Arcisstraße. Es befindet sich in Gräberfeld 9.

Wie kann eine so offensichtliche Gedenktafel von so vielen Menschen übersehen werden? Rudolf Hartbrunner wundert sich.

48

Gedenktafel

Prominent platziert und trotzdem ignoriert

Es sieht fast so aus, als wolle die Zeit einen Schleier über die Vergangenheit legen. Die Steinplatte an der Biergartenmauer des Hofbräukellers ist bereits stark verwittert, ihre Inschrift an einigen Stellen nur mit Mühe zu entziffern. Und das, obwohl sie noch gar nicht so alt ist. *Zur Erinnerung an die Perlacher Bürger* steht dort zu lesen, dann folgen zwölf Namen und der Text *Nach der militärischen Zerschlagung der Münchner Räterepublik wurden diese Arbeiter und Handwerker denunziert und ohne gerichtliches Verfahren von Mitgliedern des Freikorps Lützow am 5. Mai 1919 im Garten des Hofbräukellers ermordet.*

Der grausame Tod von zwölf Menschen, zusammengefasst in wenigen Zeilen. Eigentlich müsste jeder Passant eine kurze Gedenkminute einlegen für die, die unschuldig erschossen wurden. Doch der Münchner Heimatkenner Rudolf Hartbrunner hat beobachtet: „Hier kommen im Sommer auf dem Weg in den Biergarten jeden Tag Hunderte von Leuten vorbei. Aber so gut wie keiner schaut auf das, was auf der Tafel geschrieben steht." Dabei wurde diese im August 1996 genau deswegen angebracht, damit sie an die Geschehnisse vom 5. Mai 1919 erinnert und sie nicht in Vergessenheit geraten.

„Hier kommen im Sommer auf dem Weg in den Biergarten jeden Tag Hunderte von Leuten vorbei. Aber so gut wie keiner schaut auf das, was hier geschrieben steht."

Das „Freikorps Lützow", von dem in der Inschrift die Rede ist, wurde am 17. Januar 1919 in Berlin gegründet. „Finanziert hat es der Antibolschewistenfonds der deutschen Wirtschaft", erklärt Rudolf Hartbrunner. Damit wollte man unter anderem die militärische Zerschlagung der deutschen Räterepubliken bezahlen und so genannte Einwohnerwehren unterstützen. „Das Freikorps bildete ein Sammelbecken für Soldaten und Offiziere, die nach dem Ende des Ersten Weltkriegs nicht mehr ins zivile Leben zurückfanden und die der neugegründeten Weimarer Republik ablehnend gegenüberstanden." Auf seinem Höhepunkt habe dieser paramilitärische Verband aus fast 1500 Männern bestanden und sich vor allem durch seine antikommunistische Gesinnung hervorgetan.

„Als das Freikorps im Mai 1919 nach Perlach kam, quartierte der evangelische Pfarrer Robert Hell den Kommandeur und seine Offiziere bei sich im Pfarrhaus ein", erzählt der passionierte Hobbyhistoriker. „Danach zogen die Soldaten nach München weiter. Hell und seine Frau fühlten sich wohl von etlichen Perlachern bedroht und denunzierten sie als Kommunisten, und zwar grundlos, wie sich später herausstellte." Der Geistliche erzählte von angeblichen „Linksgesinnten", die immer noch Widerstand leisteten und sich in Perlach versteckt hielten. Und nicht nur das. Zudem hätten die „Rotgardisten" Kartoffeln beschlagnahmt, die eigentlich für die Herstellung von Schnaps in der Schnapsfabrik Wolfram vorgesehen gewesen seien.

„Ihr so genanntes Verbrechen bestand also darin, dass sie die Kartoffeln essen und nicht für Spirituosen verwenden wollten“, sagt Hartbrunner kopfschüttelnd.

Als zwei Lastwagen mit etwa 40 Mann aus dem Gefolge Lützows in der Nacht auf den 5. Mai 1919 in Perlach eintrafen, überreichte Hell ihnen eine Liste mit den Namen von völlig ahnungslosen Männern, die noch in derselben Nacht aus ihren Betten gerissen und unter schlimmsten Schikanen nach Haidhausen abtransportiert wurden. Keiner der Männer war Mitglied der Roten Armee, keiner von ihnen hatte sich während der Räte-Republik an derselben beteiligt.

Die Gedenktafel erinnert an die Perlacher Arbeiter, die im heutigen Biergarten hinter der Mauer erschossen wurden.

Im Perlacher Heimatbuch ist eindrücklich nachzulesen, wie es mit den Verhafteten danach weiterging: „Am frühen Morgen bringt ein Konvoi die Armen auf das Gelände des Hofbräukellers an der Wiener Straße. Kaum sind die Gefangenen in zwei Reihen angetreten, muss der zuerst Festgenommene heraustreten, wird hinter den Lastwagen gestellt und sofort erschossen.“ Wer den Befehl gegeben und wer ihn ausgeführt habe, sei danach nicht mehr zweifelsfrei festzustellen gewesen. „Die anderen werden in einen Verschlag gesperrt. Gegen zehn Uhr übernimmt Vizewachtmeister Prüfert den Befehl zur Exekution. In einem Innenhof der Brauerei, vor einem großen Kohlenhaufen, werden sie in Gruppen zu zweien oder zu dreien niedergeknallt. Einige der Perlacher suchen bis zuletzt ihre Unschuld darzustellen, einer bittet auf Knien, ihn mit Rücksicht auf seine Familie zu schonen – umsonst!“ Zehn Frauen waren danach ohne Ehemann, 46 Kinder ohne Vater.

Im Bericht des Freikorps Lützow lesen sich die Geschehnisse freilich ganz anders: „Die Verhaftung erfolgte, weil in Perlach Zusammenrottungen stattgefunden haben und die Volksmenge nach einer Versammlung verschiedenen Bürgern von Perlach das Haus mit

Handgranaten einzuwerfen gedroht hatte", ist dort zu lesen. Dabei hätten sich die Verhafteten besonders hervorgetan und alle seien sie mit Waffen angetroffen worden. „Die Verhafteten sind nach ordnungsgemäßer Vernehmung in den Hofbräukeller gebracht worden", geht der Bericht weiter. „Als die Gefangenen versucht hatten, den Posten zu überrumpeln und zu entfliehen, sind sie durch die zu Hilfe geholten Mannschaften erschossen worden." Davon sei kein Wort wahr, sagt Rudolf Hartbrunner: „Das war alles gelogen, wie eine nachträgliche Untersuchung herausgefunden hat."

„Ihr so genanntes Verbrechen bestand also darin, dass sie die Kartoffeln essen und nicht für Spirituosen verwenden wollten."

Im anschließenden Prozess, der sich über mehrere Jahre hinzog, wurden alle angeklagten Mitglieder des Freikorps freigesprochen. Das Schwurgericht beim Landgericht München kam zwar zu dem Urteil, dass die Ermordung der Männer aus Perlach „objektiv ungerechtfertigt" war. Trotzdem hätten sich die Verantwortlichen vermutlich auf den Schießerlass von Reichswehrminister Gustav Noske (1868-1946) verlassen, der bereits am 9. März 1919 den Regierungstruppen einen Freibrief ausgestellt hatte, jeden Spartakisten zu erschießen, der mit einer Waffe angetroffen werde.

Auch an diese juristische Ungerechtigkeit erinnert die Gedenktafel am Wiener Platz. Als der damalige Dritte Bürgermeister Hep Monatzeder sie im August 1996 einweihte, wünschte er sich, dass sie zur Wachsamkeit und zum Widerstand mahnen solle gegen jedes neue Aufflammen von Rechtsextremismus, Fanatismus und Intoleranz. Weil kaum jemand die Tafel beachtet, verhallt dieser Wunsch ungehört.

Heike Thissen

So geht's zur Gedenktafel:

Die Gedenktafel für die ermordeten Perlacher Bürger ist an der Mauer auf dem Wiener Platz neben dem Eingang zum Biergarten des Hofbräukellers zu finden.

49

Maxburgturm

Witwen, Gräfinnen und ein liebestoller Bischof

Sein Umfeld hat sich geändert. Aber er ist immer noch derselbe. Und voller Geschichten: „Dieser heute von einem Neubau umgebene Turm ist das letzte Überbleibsel der Maxburg in der Innenstadt, die in der Langform Herzog-Max-Burg hieß und im Zweiten Weltkrieg zerstört wurde“, erzählt Gästeführerin Carola Kühberger. „Der ursprüngliche Name der Burg war aber Wilhelminische Veste.“ Dieser gehe auf den Bayernherzog Wilhelm V. (1548-1626) zurück. Gebaut wurde sie in den Jahren 1593 bis 1596, genau 54 Bürgerhäuser mussten dafür abgerissen werden. Und von der Maxburg aus konnte man auf direktem Weg an viele wichtige Orte gelangen, zum Beispiel über den Wilhelmsbogen zum Jesuitenkloster und in die Kreuzkapelle der Michaelskirche.

Im 17. Jahrhundert residierte Maximilian Philipp (1638-1705) hier, damals erhielt die Burg auch ihren heutigen Namen. „Die regierenden Wittelsbacher wohnten ja in der Residenz“, erklärt Carola Kühberger. „Die Maxburg war das Zuhause derjenigen Mitglieder des Adelsgeschlechts, die nicht herrschten.“ Auch die Unverheirateten und Witwen unter ihnen hätten hier gelebt. Königin Karoline (1776-1841) nutzte die Maxburg zum Beispiel als Witwensitz. Auch Leopoldine (1776-1848) habe hier zeitweise gelebt. Und es habe sogar einen Geheimgang hinüber zur Residenz gegeben. Das berichtet auch der Münchner Theologe und Publizist Lorenz von Westenrieder (1748-1829), der von einem „bedeckten Gang“ schreibt. „Vielleicht schlich sich ja manch ein Herrscher von der Residenz zu einer der unverheirateten jungen Damen hinüber?“, überlegt Carola Kühberger schmunzelnd. Zumal es in der Maxburg auch ausgesprochen zügellose Zeiten gegeben habe.

Als diese besonders ausschweifend waren, war der männliche Part aber schon belegt – und zwar durch den Kardinal Johann Theodor von Bayern (1703-1763), der zur Zeit des Barocks lebte. „Der war ein

Carola Kühberger erzählt die Geschichte eines liebestollen Bischofs, der im Turm hinter ihr in der Maxburg seine Damen unterbrachte.

Letzter Rest der Maxburg.

richtiger Lebemann", bringt es Carola Kühberger auf den Punkt. Der Kardinal, Bischof von Regensburg und Johann Theodor Fürstbischof von Lüttich, habe, als er vom Tod des Freisinger Bischofs Ecker hörte, am 23. Februar 1727 in der Maxburg vor lauter Freude ein rauschendes Fest gefeiert. „Er freute sich so, weil er mit dem Tod des Bischofs nun das Bistum erbte", schildert die Gästeführerin das erstaunliche Verhalten des geistlichen Herrn: „Er ist mit seinem Pferd die Maxburg hochgeritten, bis in den ersten Stock." Der Kardinal habe hier etliche Feste abgehalten, berichtet Carola Kühberger, und er habe manch eine seiner zahlreichen Geliebten hier getroffen. „Man hat ihm unterstellt, dass er 60 Kinder hatte. Aber er soll sie gut versorgt haben." Eine seiner Geliebten, Maria Franziska von Litzlberg (1705-1732), habe er fest einquartiert: „Sie hat in der Maxburg mehrere Zimmer bewohnt." Rudolf Reiser schreibt über sie in seinem Buch „Alte Häuser – Große Namen: München", dass sie gerade schwanger gewesen sei, als sie „mit ihm eine rauschende Neujahrsnacht" feierte. Er berichtet auch, dass die beiden eine Tochter hatten, und zitiert den Münchner Professor für katholische Kirchengeschichte und Johann-Theodor-Biographen Manfred Weitlauff, der schrieb: „Mit väterlicher Sorge und Liebe umgab Johann Theodor zeitlebens seine erste Tochter. Mit ihr verband ihn ein inniges Vertrauensverhältnis, weshalb ihm auch hier der Vorwurf unlauterer Beziehungen nicht erspart blieb." Auch führt der Autor den Wittelsbacher-Archivar Christian Haeutle auf, der zu diesem Thema mehr wisse: „Bei der Erstellung der offiziellen Genealogie des Hauses Bayern fällt ihm eine Akte in die Hände, in der eines illegitimen Sohnes des Bischofs gedacht wird: Chevallier de Montot, vielleicht aus Madame d'Ecker." Letztere sei „keine andere als Johann Theodors leibliche Tochter Maria Karolina".

„Und dann haben ihn eigentlich alle ausgelacht, den greisen, liebestollen Tor."

Selbst dem Papst wurde das Treiben des Kardinals irgendwann zu bunt und er ermahnte den Bischof, künftig ein Leben zu führen, das seinem Amt mehr entspräche. Johann Theodor handelte gar nicht christlich, griff zu einer Lüge und behauptete, er gebe der betreffenden Dame nur ein Dach über dem Kopf. Die Dame war Gräfin Josepha Karolina von Sedlnitzki. „Sie hat in der Beletage gelebt und später sogar noch mehrere Stockwerke bewohnt", sagt Carola Kühberger.

Und dann gibt es noch eine Gräfin: Maria Anna von Alleardi, die sei sehr jung gewesen, als sie die Geliebte des inzwischen reichlich betagten Bischofs wurde. „Sie hat sich ziemlich in die Politik eingemischt und ihre Zuneigung entsprechend dosiert", erzählt Carola Kühberger. „Und dann haben ihn eigentlich alle ausgelacht, den greisen, liebestollen Toren."

Bischof Johann Theodor segnete am 27. Januar 1763 das Zeitliche. Der Tod ereilte ihn beim Liebesakt. Allein, der Turm überdauerte als verschwiegenes Wahrzeichen eines liebestollen Bischofs und seiner Gräfinnen.

Eva-Maria Bast

So geht's zum Maxburgturm:

Er steht am Lenbachplatz / Ecke Pacellistraße, Pacellistraße 5.

Erinnert an den jüdischen Brauereibesitzer Joseph Schülein: das Brauereiwappen.

50

Brauereiwappen

Erinnerung an den König von Haidhausen

Der „König von Haidhausen“ hatte weder blaues Blut in seinen Adern noch eine Krone auf dem Kopf. Mit den Wittelsbachern war er nicht verwandt und auch nicht verschwägert. Er war lediglich ein ausgesprochen fleißiger und erfolgreicher Unternehmer. So kam es, dass er auf dem Höhepunkt seines Erfolgs Anfang des 20. Jahrhunderts nicht nur mehrere Gaststätten und Biergärten in Haidhausen besaß, sondern sogar ganze Straßenzüge. Und weil er obendrein eine ausgeprägte soziale Ader hatte, betrachteten ihn die Münchner als eine Art gütigen Monarchen, der sich fürsorglich um sie und vor allem ihre Kinder kümmerte. Denn beim Haidhauser König handelte es sich um den jüdischen Brauereibesitzer Joseph Schülein (1854-1938). An ihn und seine Erfolgsgeschichte erinnert in München unter anderem sein Firmenwappen am Sudhaus der ehemaligen Brauerei. Es zeigt neben zwei Löwen einen Maischbottich mit Hopfen und Weizen und den Schriftzug *Unionsbrauerei gegründet 1900 Schülein & Comp.*, mit dem es auch an das Jahr erinnert, in dem es an Ort und Stelle angebracht wurde.

„Bei all dem wirtschaftlichen Erfolg vergaß Schülein aber nie, dass es in seiner unmittelbaren Nachbarschaft Menschen gab, denen es viel schlechter ging als ihm."

„Joseph Schülein kam eigentlich aus Franken und hat in München als Bankier gearbeitet, bevor er zusammen mit seinem Bruder 1895 in Haidhausen die Gambrinusbrauerei kaufte", erklärt Heimatkenner Rudolf Hartbrunner im Hinterhof der Einsteinstraße 42. Innerhalb der folgenden zehn Jahre vervielfachte die neu gegründete „Unionsbrauerei Schülein & Cie." ihren Bierabsatz von 16.000 Hektolitern auf bis zu 350.000 Hektoliter. „Zwei Jahre später konnten die Schüleins die Münchner-Kindl-Brauerei übernehmen und damit mehrere Gasthäuser", hat Hartbrunner herausgefunden. Und die Erfolgsgeschichte ging noch weiter: Nach dem Ersten Weltkrieg, in dem viele Brauereien wegen der wegfallenden Absatzmärkte im Ausland bankrottgingen, fusionierte die Unionsbrauerei 1921 mit dem traditionsreichen, aber durch den Krieg stark geschwächten Löwenbräu und trug fortan dessen Namen.

„Bei all dem wirtschaftlichen Erfolg vergaß Schülein aber nie, dass es in seiner unmittelbaren Nachbarschaft Menschen gab, denen es viel schlechter ging als ihm", erzählt Rudolf Hartbrunner. Der Brauereibesitzer mit der silbergrauen Mähne, der immer mit einem großen schwarzen Hut auftrat, war weit über seine Biergärten hinaus bekannt für sein soziales Engagement und finanzierte zum Beispiel eine Siedlung mit Sozialwohnungen. Außerdem übernahm er jedes Jahr die Patenschaft für bis zu 40 Firmlinge aus ärmeren Familien. „Er bezahlte für die Kinder ihre Firmkleidung und lud sie mit ihren Familien zum Essen ein", beschreibt Hartbrunner dessen Menschenfreundlichkeit.

„Überhaupt bekam jedes Kind, das ihn auf der Straße grüßte, ein kleines Geschenk." Kein Wunder, dass Mädchen und Jungen schon in Scharen auf ihn warteten, wenn er vormittags in der Brauerei in der heutigen Einsteinstraße ankam. Trubelig sei es dann zugegangen, beschrieb eines dieser Kinder später: „‚Der Schülein kommt! Der Schülein kommt!' In Nullkommanix waren alle Kinder da. ‚Grüß Gott, Herr Schülein. Grüß Gott, Herr Schülein!'" Schülein habe gelacht und gefragt, wie viele Kinder denn anwesend seien. „Dann hat er unter seinen Mantel gelangt, hat die Geldkatze hervorgezogen und hat hineingelangt. Und wir haben schon ganz lange Hälse gekriegt, und die Augen sind ganz groß geworden", erinnerte sich die Münchnerin Else Rau an den großzügigen Geschäftsmann.

Rudolf Hartbrunner sitzt im Biergarten unter dem Wappen.

Doch als jüdischer Brauer mit großem Erfolg geriet er schon um die Jahrhundertwende das erste Mal ins Visier der Antisemiten. Sein von anderen hoch gelobtes Bier bezeichnete ein Journalist in der Zeitschrift „Münchner Bier-Chronik" im Jahr 1905 als „letzte Brühe" und „Dividenden-Wasser". Als die Nationalsozialisten 1933 an die Macht kamen und ausgerechnet den Bürgerbräukeller in Haidhausen, der zu Löwenbräu gehörte, als Versammlungsort erkoren, begann für Joseph Schülein und seinen Sohn Hermann, der als Vorstandsvorsitzender und Generaldirektor der fusionierten Brauereien fungierte, der – natürlich unfreiwillige – Abschied aus dem Münchner Brauereiwesen. „Die so genannten Betriebsobermänner, die den Betriebsrat ersetzt hatten, forderten den Rücktritt der nicht-arischen Mitglieder im Aufsichtsrat und Vorstand", erzählt Rudolf Hartbrunner. Mit Erfolg: Joseph Schülein zog sich völlig aus der Brauerei zurück, Hermann trat zunächst nur zurück, weil er mit seiner Fachkompetenz für den wirtschaftlichen Erfolg des Unternehmens zu wichtig war. Er schied im November 1935

„mit Rücksicht auf seinen Gesundheitszustand auf seinen Wunsch" aus – das jedenfalls verkündete der neue Aufsichtsratsvorsitzende danach.

Dass der „König von Haidhausen" von irgendeiner Bedeutung für den Stadtteil und die Menschen dort gewesen sein könnte, verneinte die NSDAP vehement. So stellte einer ihrer Stadträte bereits im September 1933 fest, dass „Kommerzienrat Joseph Schülein keine besonderen Verdienste, weder in sozialer Hinsicht, noch um die Stadtgemeinde München im Besonderen, nachgewiesen werden können" und dass der vermögende Jude ohnehin nur einen kleinen Bruchteil seines Vermögens der Allgemeinheit zur Verfügung gestellt habe. Eine Straße und ein Platz, die in Berg am Laim schon zu Lebzeiten nach Schülein benannt gewesen waren, erhielten neue Namen. Für den Brauereibesitzer ging damit seine Zeit in München zu Ende. Er zog sich an den Ammersee zurück und starb dort auf Schloss Kaltenberg, das er Ende des Ersten Weltkriegs erworben hatte, am 9. September 1938 eines natürlichen Todes. Fünf seiner insgesamt sechs Kinder waren zu diesem Zeitpunkt bereits mit ihren Familien aus Deutschland geflohen. Sein Sohn Hermann arbeitete auch in den USA wieder als Brauer und führte die Liebmann-Rheingold-Brauerei in New York zu noch größerem Erfolg als zuvor Löwenbräu.

Das Brauereiwappen, das auch im 21. Jahrhundert noch an Joseph Schülein erinnert, hängt am ehemaligen Sudhaus der Brauerei, in der er mit seinem Bruder und 16.000 Hektolitern gebrautem Bier pro Jahr begonnen hat. Der „Bierausstoß" von 3,5 Millionen Hektolitern, den die Brauerei Liebmann unter der Führung seines Sohnes erreichte, hätte ihn mit Sicherheit stolz gemacht.

Heike Thissen

So geht's zum Brauereiwappen:

Das Brauereiwappen ist an der Außenfassade des ehemaligen Sudhauses, im Hinterhof des Gebäudes Einsteinstraße 42, angebracht.

Quellen, Literatur, Bildnachweis

Achten, Udo (Hrsg.): Links lacht. Das republikanische Witzblatt 1924 bis 1927. Bonn 1985.

Bachmann, Christoph: „Kriminalfälle (19./20. Jahrhundert)". URL: https://www.historisches-lexikon-bayerns.de/Lexikon/Kriminalfälle (19./20._Jahrhundert). Abgerufen am 22.02.2017.

Bast, Eva-Maria; Thissen, Heike: Münchner Geheimnisse – 50 spannende Geschichten aus der Weltstadt mit Herz. Überlingen 2015, S. 85 f.,S. 133-135.

Bauer, Reinhard; Gerstenberg, G.; Peschel, W. (Hrsg.): In Dunst aus Bier, Rauch und Volk – Arbeit und Leben in München von 1840 bis 1945. Ein Lesebuch. München 1989.

Bauer, Richard: Buchvorstellung „Das Münchner Wäschehaus Rosner & Seidl 1873 bis 1988" 21. Oktober 2014 im Stadtarchiv München. URL: https://www.muenchen.de/rathaus/dam/jcr:c1d9b5b6-e218-46cd-8cd7-5fd087e224ac/Pressetext_Rosner-Seidl.pdf. Abgerufen am 10.02.2017.

Bauer, Richard: Das Münchner Wäschehaus Rosner & Seidl 1873 bis 1988. München 2014, S. 102 ff.

Bayerische Akademie der Wissenschaften (Hrsg.): Ficklers Inventar der Münchner Kunstkammer von 1598. München 2004. URL: https://www.badw.de/fileadmin/pub/akademieAktuell/2008/27/03_Diemer.pdf. Abgerufen am 21.02.2017.

Bayerisches Hauptmünzamt: Geschichte. URL: http://www.hma.bayern.de/index.php/de/geschichte.html. Abgerufen am 27.02.2017.

Bayerisches Landesamt für Denkmalpflege (Hrsg.): Denkmäler in Bayern. Landeshauptstadt München, Bd. 2. München 2009, S. 576-580, S. 584-587.

Bayerisches Landesamt für Denkmalpflege (Hrsg.): „Der Löwenturm in München". In: Arbeitshefte des Bayerischen Landesamts für Denkmalpflege. München 2008.

Bayerischer Rundfunk: „1. Februar 1851: Der ‚Brandtaucher' wird getestet". URL: http://www.br.de/radio/bayern2/wissen/kalenderblatt/0102-brandtaucher-u-boot-bauer-100.html. Abgerufen am 15.02.2017.

Bayerischer Rundfunk: „Hafnerei Mittermayr". URL: http://www.br.de/radio/bayern2/bayern/land-und-leute/kacheloefen-fuer-den-maerchenkoenig-wolf100.html. Abgerufen am 07.03.2017.

Bayerischer Rundfunk: „NS-Zeit in München. Unionsbräu". URL: http://www.br.de/unternehmen/inhalt/bildungsprojekte/audioguide-ns-zeit-muenchen-unionsbraeu100.html. Abgerufen am 03.03.2017.

Bayerische Staatsbibliothek: Sckell, Friedrich Ludwig von. URL: http://personen.digitale-sammlungen.de/pnd/bsb00000274_00229-00.html. Abgerufen am 24.02.2017.

Behrer, Christian: Der Löwenturm mitten in München. In: Arbeitshefte des Bayerischen Landesamtes für Denkmalpflege: Der Löwenturm in München. München 2008, S. 15-25.

Behringer, Wolfgang: Löwenbräu – Von den Anfängen des Münchner Brauwesens bis zur Gegenwart. München 1991.

Bezirksausschüsse Au, Giesing und Haidhausen (Hrsg.): Au, Giesing, Haidhausen – 125 Jahre bei München. Festschrift zum Eingemeindungs-Jubiläum. München 1979.

Biller, Josef Hugo, Rasp, Hans-Peter: München Kunst und Kultur. Stadtführer und Handbuch. München 2003.

Borrmann, Norbert: Das große Lexikon des Verbrechens. Berlin 2005, S. 83 f.

Bosch, Manfred (Hrsg.): ... du Land der Bayern – Ein politisch-historisches Lesebuch. Köln 1983.

Christophersen, Claudia, Hudson-Wiedenmann, U. (Hrsg.): Romantik und Exil. Festschrift für Konrad Feilchenfeldt. Würzburg 2004, S. 341 ff.

Denk, Claudia; Ziesemer, J.: Kunst und Memoria. Der Alte Südliche Friedhof in München. Berlin/München 2014, S. 354 f.

Denkmalpflege Informationen: Der Arkadenhof der Alten Münze. München 2001.

Deutsches Historisches Museum: „Die Münchner Räterepublik". URL: https://www.dhm.de/lemo/kapitel/weimarer-republik/revolution-191819/muenchner-raeterepublik.html. Abgerufen am 27.02.2017.

Deutsches Museum: „Das Funktionsmodell eines Tauchboots von Wilhelm Bauer". URL: http://www.deutsches-museum.de/sammlungen/meisterwerke/meisterwerke-iii/tauchboot/. Abgerufen am 15.02.2017.

DGB-Bildungswerk: Arbeitermord in Haidhausen. Dokumentation über den Mord an 12 Perlacher Arbeitern durch die Soldateska des Freikorps Lützow am 5. Mai 1919 auf dem Hof des Hofbräukellers an der Inneren-Wiener-Straße. Geschichtswerkstatt Revolution & Rätezeit in München. München 1989.

Die Stadtspürer: „Patrona bavariae". URL: http://www.mystisches-muenchen.de/mystisches-muenchen/die-patrona-bavariae-an-der-residenz/. Abgerufen am 25.02.2017.

Dombart, Theodor: Der Englische Garten zu München. Geschichte seiner Entstehung und seines Ausbaues zur großstädtischen Parkanlage. München 1972, S. 54 ff., S. 70-74, S. 154, S. 172 ff.

Drave, Erika, Streicher, G.: München. München 1977, S. 103 f.

Drösser, Christoph: Stimmt's? URL: http://www.zeit.de/2011/11/Stimmts-Katholiken-Fastenzeit. Abgerufen am 15.02.2017.

Eikelmann, Renate (Hrsg.): Franz Anton Bustelli. Nymphenburger Porzellanfiguren des Rokoko. Das Gesamtwerk. München 2004, S. 29-36, S. 254-263.

Englisch, Werner: In Memoriam Albert Döberlein. Heidelberg 2013, S. 52 ff.

Erichs Kriminalarchiv: „1801-1900. 1. Seite mit 15 von 15 Kriminalfällen". URL: http://erichs-kriminalarchiv.npage.de/1801-1900/1-seite-mit-15-faellen.html. Abgerufen am 22.02.2017.

Faltlhauser, Kurt (Hrsg.): Die Münchner Residenz, Geschichte – Zerstörung – Wiederaufbau. Mit Beiträgen von Johannes Erichsen, Sabine Heym, Otto Meitinger, Hermann Neumann, Amanda Ramm, Uwe Gerd Schatz und Tino Walz. Ostfildern 2011, S. 154, S. 175, S. 179.

Forstner, Thomas, Götz, R., Jooß, E., Volpert, M.: Die Stadt läg in dem Grund, wan dise Kirch nit stund ... Maria Anna Lindmayr, die Dreifaltigkeitskirche und das Karmelitinnenkloster in München. München 2004.

Freyberg, Pankraz Freiherr von: 200 Jahre Englischer Garten München 1789-1989. Offizielle Festschrift. München 1989, S. 133 f., S. 159 ff.

Gebhard, Heinz: Als die Oper mit Bier gelöscht wurde. Münchner Bilder und Geschichten von 1158 bis heute. München 2009.

Geschichtswerkstatt Neuhausen (Hrsg.): Von der „Aiblingerstraße" bis „Zum Künstlerhof". Die Straßennamen im Münchner Stadtteil Neuhausen-Nymphenburg. München 2010, S. 30.

Glötzner, Johannes: Onuphrius. Patron der Stadt München und der Hermaphroditen. München 2008.

Göttler, Norbert: ... und er brüllt heute noch! Der Löwe „Swapo" und die Katholische Akademie in Bayern. München 2000.

Görtemaker, Manfred: „Der Konflikt um Schleswig und Holstein". In: ders.: Deutschland im 19. Jahrhundert. Bonn 1987, S. 105 f.

Götz, Roland: Münchner Kindl. Ungewöhnliche Lebensläufe aus dem alten München im Spiegel der Pfarrmatrikeln. Ausstellungen im Archiv des Erzbistums München und Freising. München 2008, S. 3-12.

Harlander, Lilian, Purin, B. (Hrsg.): Bier ist der Wein dieses Landes. Jüdische Braugeschichten. Katalog zur gleichnamigen Ausstellung im Jüdischen Museum München. München 2016.

Hartbrunner, Rudolf: Arbeitermord im Hofbräukeller. Unveröffentlichtes Manuskript. München 2017.

Hartbrunner, Rudolf: „Brühwarme Ziegenmilch" am „Freibankeck". URL: http://hartbrunner.de/fakten/d_fakten.php?id=1382. Abgerufen am 14.02.2017.

Hartbrunner, Rudolf: Die „Unions-Brauerei Schülein & Cie". Unveröffentlichtes Manuskript. München 2017, S. 129 ff.

Hartbrunner, Rudolf: Tröpferlbad und Spritzenhaus. Unveröffentlichtes Manuskript. München 2017, S. 101-103.

Heerde, Walter (Hrsg.): Haidhausen. Geschichte einer Münchner Vorstadt. München 1974.

Heigel, Karl Theodor von: „Montgelas, Maximilian Graf von". In: Allgemeine Deutsche Biographie (ADB). Bd. 22, Leipzig 1885, S. 193-204.

Heimatzeitung.de: Letzter bayerischer Hofnarr. URL: http://www.heimatzeitung.de/cho/archiv/713486_Den-Titel-letzter-bayerischer-Hofnarr-mit.html. Abgerufen am 24.02.2017.

Hildmann, Andreas, Jocher, N. (Hrsg.): Die Münchner Kirchen. Architektur – Kunst – Liturgie. München 2008.

Hillmayr, Heinrich: Roter und Weißer Terror in Bayern nach 1918. Ursachen, Erscheinungsformen und Folgen der Gewalttätigkeiten im Verlauf der revolutionären Ereignisse nach dem Ende des Ersten Weltkrieges. München 1974.

Historisches Lexikon Bayerns: „Nationalsozialistischer_Deutscher_Arbeiterverein_e.V." URL: https://www.historisches-lexikonbayerns.de/Lexikon/Nationalsozialistischer_Deutscher_Arbeiterverein_e.V._(NSDAV),_1920-1923/1925-1935. Abgerufen am 27.02.2017.

Hitzer, Friedrich: Der Mord im Hofbräuhaus. Unbekanntes und Vergessenes aus der Baierischen Räterepublik. Frankfurt am Main 1981.

Hofmann, Friedrich H.: Geschichte der bayerischen Porzellan-Manufaktur Nymphenburg. Drei Bücher. Leipzig 1921. 1. Buch, S. 3-74.

Holland, Hyacinth: „Wagmüller, Michael". In: Allgemeine Deutsche Biographie. Bd. 40. Berlin 1896, S. 483 ff.

Huber, Brigitte: Das neue Rathaus in München. München 2005.

Hufnagel, Max J.: Berühmte Tote im Südlichen Friedhof zu München. Würzburg 1983, S. 146.

Jolly, Philipp von: „Fraunhofer, Joseph". In: Allgemeine Deutsche Biographie (ADB). Bd. 7, Leipzig 1877, S. 323-325.

Jordan, Karl: Investiturstreit und frühe Stauferzeit. Stuttgart, 1975, S. 124.

Journal des Luxus und der Moden. In: Die Thüringer Universitäts- und Landesbibliothek (ThULB). URL: http://zs.thulb.uni-jena.de/rsc/viewer/jportal_derivate_00114235/JLM_1802_H010_0024_a.tif. Abgerufen am 02.03.2017.

Käppner, Joachim, Görl, W., Mayer, C. (Hrsg.): München. Die Geschichte der Stadt. Süddeutsche Zeitung Edition. München 2008, S. 269 ff.

Karstadt Oberpollinger (Hrsg.): Oberpollinger. 100 Jahre Münchner Lebensart 1905–2005. Chronik anlässlich des 100-jährigen Jubiläums. München 2005.

Keller, Hiltgard L.: Reclams Lexikon der Heiligen und der biblischen Gestalten. Ditzingen 1984.

Klimesch, Peter: Isarlust. Entdeckungen in München. München 2011.

Klinckowstroem, Carl Graf von: „Bauer, Wilhelm“. In: Neue Deutsche Biographie, Bd. 1. Berlin 1953, S. 646.

König, Hannes (Hrsg.): G'spassige Leut. Münchner Sonderlinge + Originale vom letzten Hofnarren bis zum Taubenmutterl. München 1977, S. 81-87.

Krafft, Sybille: Bayerische Volksschauspieler. 12 persönliche Porträts von Sybille Krafft. München 2013.

Kurda, Rolf: Michael Wagmüller. Ein Bildhauer im Dienste König Ludwigs II. München - Linderhof - Herrenchiemsee. Dissertation, LMU München: Fakultät für Geschichts- und Kunstwissenschaften. München 2004, S. 20 ff.

Kürzl, Rainer (Hrsg.): 100 Jahre Maistraße. 1916-2016. München 2016.

Landeshauptstadt München: Kulturgeschichtspfad 2: Ludwigsvorstadt, Isarvorstadt. S. 9-11. URL: http://www.muenchen.info/ba/02/docs/KGP2_booklet_screen.pdf. Abgerufen am: 24.03.2017

Langen, Albert, Schattenhofer, M. (Hrsg.): „Revolution und Räteherrschaft in München - Aus der Stadtchronik 1918/1919. Neue Schriftenreihe des Stadtarchivs München. Bd. 29. München/Wien 1968.

Langheiter, Alexander, Lauter, W.: Der Alte Südfriedhof in München. München 2013.

Lieb, Norbert, Sauermost, H. J. (Hrsg.): Münchens Kirchen. München 1982, S. 199 ff.

Lorenz Sporer Metallornamente: Referenzen. URL: http://www.metallornamente.com/#references. Abgerufen am 26.02.2017.
Marmottes and the Savoyarde style. URL: http://thedreamstress.com/2013/07/marmottes-and-the-savoyarde-style/. Abgerufen am 02.03.2017.

Mayer, Johannes: Der Retter von Löwenbräu. Münchner Merkur vom 19. April 2009. URL: https://www.merkur.de/lokales/regionen/retter-loewenbraeu-205835.html. Abgerufen am 03.03.2017.

Mayer, Josef Maria: Münchener Stadtbuch. Geschichtliche Bilder aus dem alten München, mit einer Ansicht von München aus dem Jahre 1590. München 1868.

Melchers, Erna: Das Jahr der Heiligen. Geschichte und Legende. München 1965, S. 538 f.

Mooseder, Georg; Hackenberg, A. (Hrsg.): 1200 Jahre Perlach. München 1990, S. 722.

München.de: Stadtchronik 1905. URL: https://www.muenchen.de/rathaus/Stadtverwaltung/Direktorium/Stadtarchiv/Chronik/1905.html. Abgerufen am 13.02.2017.

München im Bild: Gymnasien Schwabing. URL: http://muenchen.im-bild.org/fotos/bildungseinrichtungen/gymnasien-schwabing. Abgerufen am 22.03.2017.

Münchner Neueste Nachrichten vom 12.10.1933: Der Pfalzgedenkstein in den Eichenanlagen.

Münchner Zeitensprünge: 5. Oktober 1878. URL: http://hartbrunner.de/fakten/d_fakten.php?id=3575. Abgerufen am 23.02.2017.

o.A.: Gedenkblatt an Xaver Krenkl. 3. Auflage. München 1860.

o.A.: Wedekindplatz. Schwabing leuchtet. Broschüre zur Neugestaltung des Wedekindplatzes in München-Schwabing. München 2015.

Papus (Gérard Encausse): Die Kabbala. Ulm 1962.

Patrona bavariae. URL: http://www.patrona-bavariae.info/index.php?id=23. Abgerufen am 25.02.2017.

Petzet, Michael: Die Alte Münze in München. München 1996.

Pfeifer, Gabriele: Auswertung von Taufmatrikeln in München und Passau in der Zeit von 1600 bis 1820 unter besonderer Berücksichtigung der Münchner Findelkinder. Inaugural-Dissertation zur

Erlangung des Doktorgrades der Philosophie an der Ludwig-Maximilians-Universität München. München 2015.

Physiologus: „Der Löwe". URL: https://www.unimuenster.de/imperia/md/content/germanistik/lehrende/schaefer_f/millstaetter_physiologus.pdf, S. 1, Abschnitt 8. Abgerufen am 21.02.2017.

Preysingpalais: URL: http://www.preysingpalais.de/index.php/Historie. Abgerufen am 12.02.2017.

Rädlinger, Christine (Hrsg.): 125 Jahre Bewahrung und Fortschritt. Geschichte des Vereins Münchner Brauereien. München 1996.

Rädlinger, Christine: Geschichte der Münchner Stadtbäche. Hrsg.: Stadtarchiv München. München 2004.

Reiser, Rudolf: Alte Häuser. Große Namen: München. Grünwald 2009, S. 63 ff.

Ritter, Emmeram H.: Patrona Bavariae! Unter Deinen Schutz und Schirm. Regensburg 1987.

Schäfer, Joachim: „Maria. Schutzpatronin Bayerns". In: Ökumenisches Heiligenlexikon. URL: https://www.heiligenlexikon.de/BiographienM/Maria.htm. Abgerufen am 21.02.2017.

Schäfer, Joachim: „Munditia Protogenia". In: Ökumenisches Heiligenlexikon. URL: www.heiligenlexikon.de/BiographienM/Munditia.html. Abgerufen am 18.02.2017.

Schäfer, Joachim: „Onuphrios der Große". In: Ökumenisches Heiligenlexikon. URL: https://www.heiligenlexikon.de/BiographienO/Onuphrios.html. Abgerufen am 24.02.2017.

Schauber, Vera, Schindler, H. M.: Heilige und Patrone im Jahreslauf. München 2001.

Schinzel-Penth, Gisela: Sagen und Legenden von München. Frieding 2000, S. 26-28.

Sckell, Carl August: Das königliche Lustschloss Nymphenburg und seine Gartenanlagen. München 1837, S. 124 f.

Schmid, E.D., Heym, S.: Mathias und Anna Gasteiger. Aus einem Münchner Künstlerleben um 1900. Dachau 1985.

Schnell, Hugo: München. Geschichte, Kunst und Leben. Offizieller Führer der Stadt München. München 1958, S. 3, S. 90.

Schwabinger Gisela: Über die Schwabinger Gisela. URL: http://www.schwabinger-gisela.de/index.htm. Abgerufen am 15.02.2017.

Spindler, Max (Hrsg.): Handbuch der bayerischen Geschichte, Bd.1. Das alte Bayern. Das Stammesherzogtum bis zum Ausgang des 12. Jahrhunderts. München 1982.

Stadtarchiv München, Akten DE-1992-FS-PK-STB-03465, DE-1992-FS-PK-STB-03464, DE-1992-ZS-0578-6. Betreff: Kolosseum.

Stadtarchiv München: Der Pfälzer Stein am Odeonsplatz in München. Aus: Stadtarchiv München, BUR 507.

Stadtarchiv München: Direktoriums-Akten des Stadtrats der Landeshauptstadt München Betreff: Denkmal für die gefallenen Pfälzer, Pfälzer Stein.

Stadtportal München: Oskar-von-Miller-Gymnasium. URL: https://stadt-muenchen.net/baudenkmal/d_baudenkmal.php?id=5398. Abgerufen am 22.03.2017.

Thürheim, Lulu Ludovika Gräfin, AEIOU. In: Austria-Forum, das Wissensnetz. URL: http://austria-forum.org/af/AEIOU/Thürheim,_Lulu_Ludovika_Gräfin, 25. März 2016. Abgerufen am 12.02.2017.

Trautmann, Franz: Ludwig Schwanthalers Reliquien: drin guter Bericht zu finden von des Meisters Herkunft, Jugend und folgender Zeit. München 1858.

Ude, Christian: 150 Jahre Oskar-von-Miller-Gymnasium. Rede anlässlich des Festaktes „150 Jahre Oskar-von-Miller-Gymnasium am 1. Oktober 2014 im Herkulessaal der Residenz". URL: http://www.christian-ude.de/150-jahre-oskar-von-miller-gymnasium/. Abgerufen am 22.03.2017.

Vogler, Waltraud: Schwabinger Gisela. Eine

gebildete Dame mit stark unzüchtigem Charakter. München 2008.

Volk-Knüttel, Brigitte: „Hofstallungen und Wagenhäuser in München". In: Wackernagel, Rudolf H. (Hrsg.): Staats- und Galawagen der Wittelsbacher. Kutschen, Schlitten und Sänften aus dem Marstallmuseum Schloß Nymphenburg. Bd. 2. München, Stuttgart 2002, S. 53-60.

Weigl, Lorenz: Chronik einer Klinik. Von der Gebärstube zur ersten Frauenklinik der Universität München. 2 Teile. München 1979.

Weis, Eberhard: Montgelas. Zwischen Revolution und Reform 1759–1799. München 1988, S. 52.

Weis, Eberhard: Montgelas – Der Architekt des modernen bayerischen Staates 1799–1838. München 2005, S. 485, S. 762 f.

Weis, Eberhard: „Montgelas, Maximilian Joseph". In: Neue Deutsche Biographie (NDB). Bd. 18. Berlin 1997, S. 55–63 (Digitalisat).

Weitlauff, Manfred: „Johann Theodor". In: Biographisch-Bibliographisches Kirchenlexikon (BBKL), Bd. 3. Herzberg 1992, Sp. 183-188.

Wetzel, Jakob: Eine Stadt wird gesund. URL: http://www.sueddeutsche.de/muenchen/moderne-hygiene-eine-stadt-wird-gesund-1.2643723. Abgerufen am 14.02.2017.

Weyerer, Benedikt: München zu Fuß. 20 Stadtteilrundgänge durch Geschichte und Gegenwart. Hamburg 1988.

Wiehr, Hartmut: München und sein Bier. Vom Brauhandwerk zur Bierindustrie. München 1989.

Wikipedia: „Luitpold von Bayern". URL: https://de.wikipedia.org/wiki/Luitpold_von_Bayern. Abgerufen am 10.02.2017.

Wikipedia: „Lulu von Thürheim". URL: https://de.wikipedia.org/wiki/Lulu_von_Thürheim. Abgerufen am 15.01.2016.

Wikipedia: „Münchner Kindl". URL: http://de.wikipedia.org/wiki/Münchner_Kindl. Abgerufen am 17.02.2017.

Wilhelm, Hermann: Aus der Münchner Vorstadt Au. Vergessene Lebenswelten des siebzehnten, achtzehnten und neunzehnten Jahrhunderts. München 2003.

Wilhelm, Hermann: Die Schüleins. Aufstieg, Enteignung und Flucht. Zur Geschichte einer jüdischen Brauerei-Familie in München. München 2015.

Wilhelm, Hermann: Die Zimmer sind eng und nieder. Haidhauser Geschichten von 50 Autoren aus vier Jahrhunderten. München 1994.

Wilhelm, Hermann: Haidhausen. Münchner Vorstadt im Laufe der Zeit. München 1991, S. 168-170.

Winkler, Richard: Ein Bier wie Bayern. Geschichte der Löwenbrauerei 1818-2003. Neustadt an der Aisch 2016.

Wulffen, Erich: Psychologie des Verbrechers. Ein Handbuch für Juristen, Ärzte, Pädagogen und Gebildete aller Stände. Groß-Lichterfelde-Ost 1908, S. 141 f.

Ziffer, Alfred: Nymphenburger Porzellan Sammlung Bäuml. Stuttgart 1997, S. 14 ff., Kat. 93.

Zuber, Elfie: Der Alte Nördliche Friedhof. Ein Kapitel Münchner Kulturgeschichte. München 1983, S. 32 f., S. 36 f.

Bildnachweis:
S. 24: Stadtspürer
S. 26: Stadtspürer
S. 45: Stadtspürer
S. 60: Raoul Roucka
S. 96: Marcus Schlaf
S. 125: Marcus Schlaf
S. 135: Oliver Raupach (Eigenes Werk) / via Wikimedia Commons
S. 147: Marcus Schlaf
S. 150: M(e)ister Eiskalt (Eigenes Werk) / via Wikimedia Commons
S. 152: Nino Barbieri (Eigenes Werk) / via Wikimedia Commons

1 Bavaria
2 Kolosseumskastanie
3 Gaßnerstraße
4 Rappeneck
5 Kind auf Bär
6 Bastoul-Gedenkstein
7 Frauenplatz 9
8 Münchner Kindl
9 Gitter
10 Chinesischer Turm
11 Murmeltier
12 Linie
13 Löwenfamilie
14 Kirchtürme
15 Ziegenfamilie
16 Verbogene Laterne
17 Straßenschild
18 U-Boot-Gravur
19 Tür 132
20 Munditia
21 Büste
22 Alte Münze
23 Hofnarr Prangerl
24 Mühlsteinbrunnen
25 Stall-Säulen
26 Krone
27 Deckenmalerei
28 Swapo
29 Preysing-Tor
30 Ehemaliges Tröpferlbad
31 Mosaik
32 Sterbedatum
33 Löwenturm
34 Krenkl-Kragenkopf
35 Pfälzer Stein
36 Adlerrelief

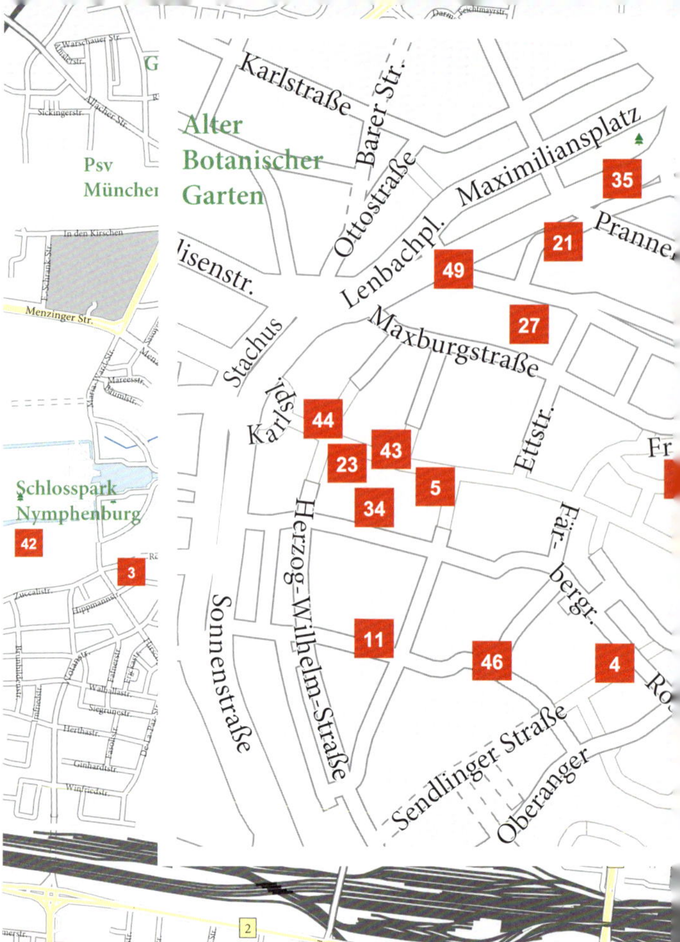

37 Figuren am Rathaus
38 Steinerne Bank
39 Turm
40 Treppe
41 Gedenktafel
42 Biberwärterhaus
43 Hansekoggen
44 Brunnenbuberl
45 Patrona Bavariae
46 Kellerfenster
47 Todesengel
48 Gedenktafel
49 Maxburgturm
50 Brauereiwappen

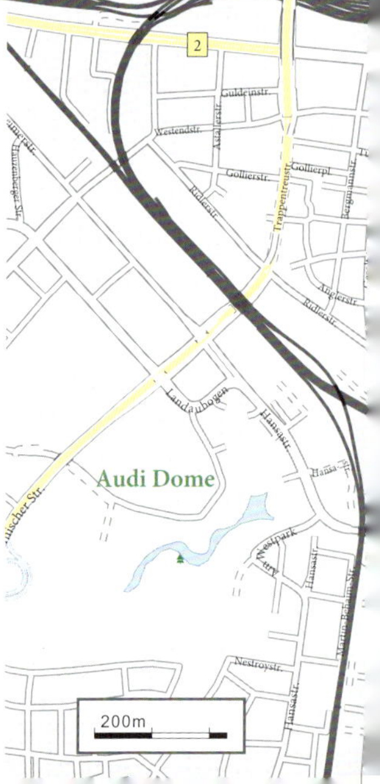

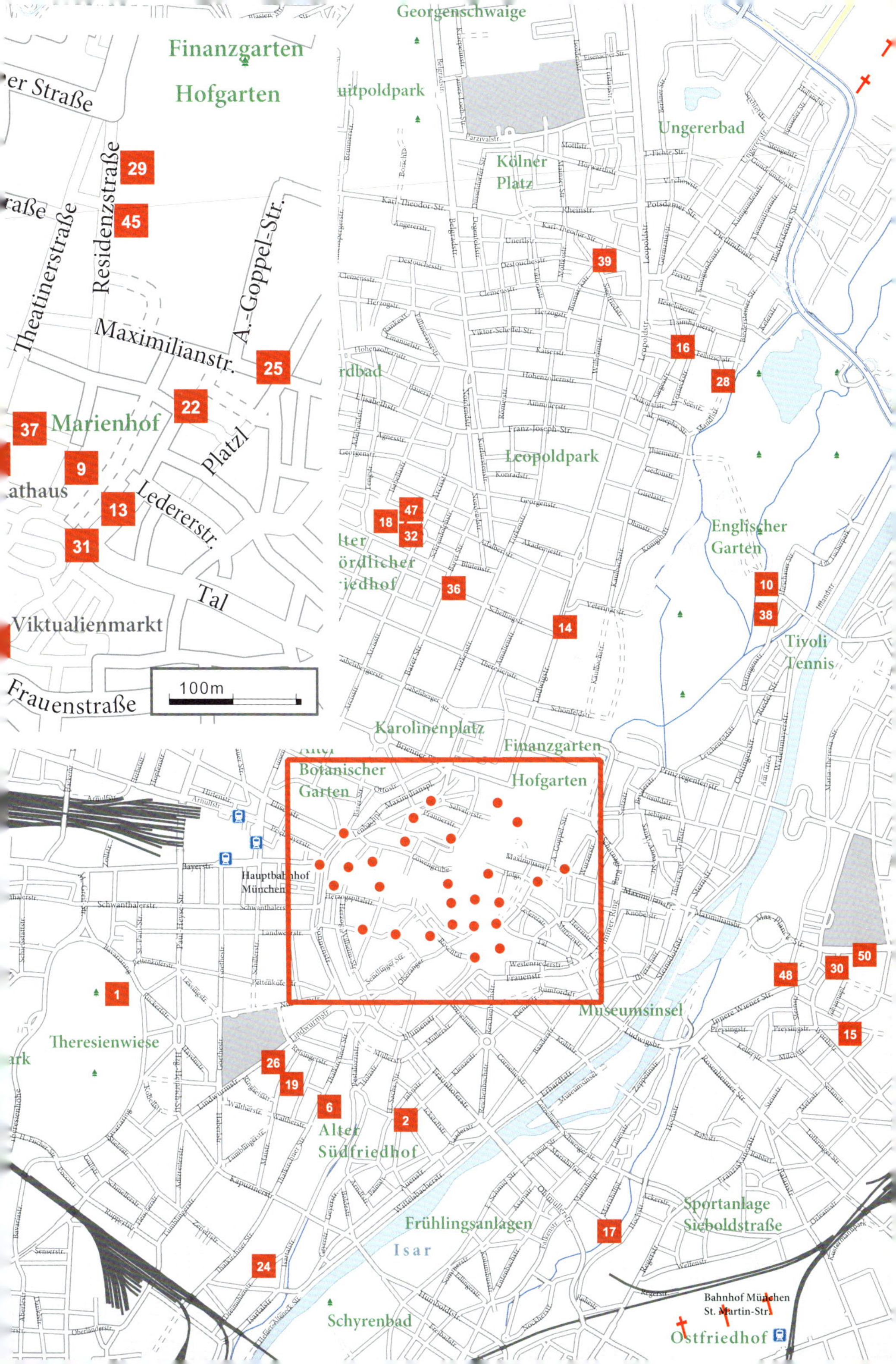

Finanzgarten
Hofgarten
Residenzstraße
Theatinerstraße
A.-Goppel-Str.
Maximilianstr.
Marienhof
Platzl
Ledererstr.
Tal
Viktualienmarkt
Frauenstraße
100m
29
45
25
22
37
9
13
31
Georgenschwaige
Luitpoldpark
Kölner Platz
Ungererbad
Leopoldpark
Englischer Garten
Alter Nördlicher Friedhof
Tivoli Tennis
Karolinenplatz
Alter Botanischer Garten
Hauptbahnhof München
Theresienwiese
Museumsinsel
Alter Südfriedhof
Frühlingsanlagen
Isar
Sportanlage Sieboldstraße
Schyrenbad
Bahnhof München St.-Martin-Str.
Ostfriedhof
39
16
28
47
18
32
36
14
10
38
48
30
50
15
1
26
19
6
2
17
24

SIE WOLLEN NOCH MEHR ÜBER

München

WISSEN?

Hier gibt es sachkundige Informationen:

Archiv des Erzbistums München und Freising
Karmeliterstraße 1
80333 München
Telefon: 089/21371346
Fax: 089/21371702
E-Mail: archiv@eomuc.de
Homepage: www.erzbistum-muenchen.de/dioezesanarchiv

Martin Arz
München-Safari: Martin Arz und andere Autoren bieten spezielle Führungen durch Münchner Stadtviertel zu Themen wie Jugendstil, Street-Art, Stadtbäche oder unnützes Wissen.
Martin Arz
Palmstr. 15
80469 München
Telefon: 089/64294757
E-Mail: safari@muenchen-safari.de
Homepage: www.muenchen-safari.de

Bayerische Schlösserverwaltung
Die Bayerische Verwaltung der staatlichen Schlösser, Gärten und Seen, kurz Schlösserverwaltung, ist eine der traditionsreichsten Verwaltungen des Freistaates. In München und Umgebung sorgt die Bayerische Schlösserverwaltung für die Schlossanlage Nymphenburg, die Residenz München und die Schlossanlage Schleißheim. Die Schlösserverwaltung bietet ein buntes Programm an Themen- und Familienführungen an. Auch private Führungen sind buchbar.
Bayerische Verwaltung der Staatlichen Schlösser, Gärten und Seen
Postfach 20 20 63
80020 München
Telefon: 089/179080
Homepage: www.schloesser.bayern.de
Informationen im Internet:
Themenführungsprogramm und Familienführungsprogramm:
www.schloesser.bayern.de/deutsch/aktuell/fuehrung/fuehrung.asp
Private Führungen:
www.schloesser.bayern.de/deutsch/aktuell/fuehrung/sonder.htm
Private Führungen:
fuehrungen@bsv.bayern.de
Besucheranfragen:
besucherservice@bsv.bayern.de

Heidi Karch-Tampe M.A.
Offizielle Gästeführerin der Stadt München. Stadtführungen und Stadtrundfahrten, Themenführungen und Gästebetreuung, Organisation von Veranstaltungen.
Maillingerstr. 22
80636 München
Telefon: 089/1231123
Mobil: 0172/7174175
E-Mail: heidi.karch@arcor.de

Gaby Mannschatz
Offizielle Gästeführerin der Stadt München. Stadtführungen und Stadtrundfahrten, Stadtteil- und Themenführungen, Führungen im Rathaus, in der Großmarkthalle, Viktualienmarkt Probier-Tour und vieles mehr.
Telefon: 089/2724528

Mobil: 0171/1652904
E-Mail: gmannschatz@googlemail.com

Marstallmuseum Schloss Nymphenburg
Präsentation von über vierzig repräsentativen Kutschen, Schlitten und Reitzubehör aus Wittelsbacher Besitz. Nymphenburger Porzellan Sammlung Bäuml: Zu sehen ist die weltweit umfangreichste Sammlung an Nymphenburger Porzellan von den Anfängen der Manufaktur bis ins 20. Jahrhundert.
Schloss Nymphenburg
80638 München
Telefon: 089/179080
Homepage: www.schloesser.bayern.de
täglich geöffnet
April bis 15. Oktober 9 Uhr bis 18 Uhr
16. Oktober bis März: 10 Uhr bis 16 Uhr

Rudolf Hartbrunner
Stadtteil-Spaziergänge garantiert in Bairisch (I kannt scho anders, mog aba ned!). Alle Informationen zu den Rundgängen und viele München-Schmankerl, dazu eine Vielzahl an Informationen, Daten & Fakten, Neuigkeiten und Unterhaltsames sind auf der Homepage zu finden.
Telefon: 0171/5464342
E-Mail: rudolf@hartbrunner.de
Homepage: www.hartbrunner.de

Anette Spieldiener, Michael Weiser
Münchner Schatzsuche. Führungen: Klingende Kirchen im Klinikviertel, Spitzweg, Mahler, Michael Ende u.a. Führungen mit Schauspiel in der Au und rund um den Friedensengel, Philosophisches Café, Theatergespräche.
Telefon: 089/37917139
E-Mail: auf@muenchner-schatzsuche.de
Homepage: www.muenchner-schatzsuche.de

Die Stadtspürer – Unterwegs zu den Geheimnissen der Stadt.
Cathérine Fischer, Margaretha Becker, Marian Kolmeder, Carola Kühberger, Rainer Blumer und Christopher Weidner
entführen in ein völlig überraschendes München: geheimnisvoll, rätselhaft – und vergnüglich.
Experten für außergewöhnliche Stadtführungen mit dem gewissen mystischen Flair.
Telefon: 089/27375707
E-Mail: info@stadtspuerer.de
Homepage: mystisches-muenchen.de
Die Führungen finden ganzjährig statt.

Daniela Thiel
Kunst- und Kulturgeschichte: Stadt- und Kunstführungen durch aktuelle Ausstellungen und ständige Sammlungen in und um München.
Daniela Thiel
Englschalkingerstraße 274
81927 München
Telefon: 0172/3062333
E-Mail: kunstwegethiel@gmail.com

Grit Ranft
Führung: „500 Jahre Reformation - auf Spurensuche in der Münchner Altstadt".
Offizielle Gästeführerin der Landeshauptstadt München
Telefon: 15152541981

Georg Reichlmayr
Kunst- und Kulturführungen München
Homepage:
www.muenchen-stadtfuehrung.de

Publikationen:

Arz, Martin: Isarvorstadt. Reiseführer für Münchner. München 2012.

Arz, Martin, Schäfer, Marc: Unser München. Das Stadt-Teil-Buch. München 2011.

Bayreuther, Dr. Magdalena: Pferde und Fürsten. Repräsentative Reitkunst und Pferdehaltung an fränkischen Höfen (1600-1800). Würzburg 2014.

Hirschkäfer, Max: Absolut München. Das München-Sammelsurium. München 2013.

Huber, Dr. Brigitte: Stadtarchiv München: Kunsthistorikerin und Chronistin. Zuständig für die grafischen Sammlungen. URL: www.muenchen.de/rathaus/Stadtverwaltung/Direktorium/Stadtarchiv/Chronik.html.

Huber, Dr. Brigitte: Mauern, Tore, Bastionen. München und seine Befestigungen. München 2015.

Langer, Brigitte; Götz, Ernst: Schlossanlage Schleißheim. Amtlicher Führer. München 2009.

Langer, Brigitte, Hojer, Gerhard: Nymphenburg. Schloss, Park und Burgen. Amtlicher Führer. München 2014.

Quaeitzsch, Christian: Residenz München. Amtlicher Führer. München 2014.

Schmid, Elmar D., Rhotert, Stefan: Englischer Garten München. Amtlicher Führer. München 1989.

Stephan, Dr. Michael: Georg Queri und der Erste Weltkrieg. [Nachwort zu:] Georg Queri, Kriegsbüchl aus dem Westen. Text der Erstausgabe von 1915. München 2014.

Stephan, Dr. Michael: „Josef Ruederer (1881-1915). Eine biographische Skizze". In: Denk, Claudia, Stephan, Dr. Michael (Hrsg.): Josef Ruederer. Das Grab des Herrn Schefbeck. Eine Münchner Geschichte. München 2015.

Stephan, Dr. Michael, Karl, Willibald: „Schwabing". In: Stadtarchiv München: Zeitreise ins alte München. München 2015.

Stephan, Dr. Michael: „Konfessionsverschiebung durch Zuwanderung in München". In: Seibert, Hubertus (Hrsg.): Bayern und die Protestanten. Regensburg 2017.

Weidner, Christopher: Das magische Herz Münchens. Sagen rund um den Marienplatz. München 2014.

Haftungsausschluss

Trotz intensiven Austauschs mit unseren Gesprächspartnern, gewissenhafter Literaturrecherche und aufmerksamem Korrekturlesen erheben wir weder einen Anspruch auf Vollständigkeit noch auf Fehlerlosigkeit. Wir haben streng darauf geachtet, keine Urheberrechte zu verletzen, unsere Recherchen sind nach bestem Wissen und Gewissen erfolgt. Dennoch übernehmen wir keinerlei Gewähr für die Aktualität, Korrektheit oder Vollständigkeit der bereitgestellten Informationen. Haftungsansprüche gegen uns schließen wir grundsätzlich aus.